深山苗歌

百色德峨镇

罗南 著

漓江出版社
·桂林·

图书在版编目（CIP）数据

深山苗歌：百色德峨镇 / 罗南著 . -- 桂林：漓江出版社，2025. 3. --（广西村落文化丛书）. -- ISBN 978-7-5801-0198-3

Ⅰ. K296.75

中国国家版本馆 CIP 数据核字第 2025L5M359 号

深山苗歌——百色德峨镇

SHENSHAN MIAOGE——BAISE DE'E ZHEN

作　　者　罗　南

出 版 人　梁　志
项目统筹　何　伟
特约编审　宋安群
特约组稿　廖明君　庞　白　胡小安
项目协调　霍　丽　黄　圆　吴　桦
责任编辑　张津理
助理编辑　梁虹程　陈李睿祯
装帧设计　周泽云　曾　意
营销编辑　陈　睿　于媛媛　俞方远
责任监印　杨　东

出版发行　漓江出版社有限公司
社　　址　广西桂林市南环路 22 号
邮　　编　541002
发行电话　010-85891290　0773-2582200
邮购热线　0773-2582200
网　　址　www.lijiangbooks.com
微信公众号　lijiangpress

印　　制　广西民族印刷包装集团有限公司
开　　本　880 mm × 1230 mm　1/32
印　　张　6.75　插页 1 页
字　　数　120 千字
版　　次　2025 年 3 月第 1 版
印　　次　2025 年 3 月第 1 次印刷
书　　号　ISBN 978-7-5801-0198-3
定　　价　38.00 元

时光就像迷一样存在，

这也是德峨最迷人的地方.

罗布

2024.12.16

德峨镇示意图

黄璐霜 / 绘

德峨小传

德峨镇隶属广西百色市隆林各族自治县，位于滇、黔、桂三省（区）交界处，始建于明崇祯三年(1630年)。清属西隆州，逐步设办事处、区、公社、乡，后于2013年10月撤乡设镇，由德峨乡改为德峨镇，并沿用至今。全镇总面积为316.5平方千米，辖15个行政村，291个村民小组，居住着苗、彝、仡佬、壮、汉五个民族，少数民族人口占全镇总人口的95%以上。

德峨镇民族风情浓厚，苗族跳坡节、彝族火把节、仡佬族尝新节等节日庆典活动丰富。很多传统文化项目都已列入广西壮族自治区级非物质文化遗产代表性项目名录，单就苗族来说，就有隆林苗族芦笙舞、隆林苗族服饰制作技艺、隆林蓝靛膏制作技艺、隆林辣椒骨制作技艺、隆林苗族刺绣，等等，内容涉及音乐、饮食、服饰等领域。

因气候宜人、景色优美、民俗风情浓郁，2022年9月，德峨镇获“广西避暑旅游小镇”荣誉称号，并拥有“中国美丽休闲乡村”“自治区乡村振兴改革集成优秀试点村”三冲村，“中国最美百村千寨”“广西十大美丽村落”张家寨，“全国乡村治理示范村”“自治区移风易俗试点示范村”德峨村，“广西生态特色文化旅游示范村”田坝村等一批旅游名片。

总　序

广西壮族自治区地域广阔，山海相望，河流纵横。在这片南疆大地上，各族人民融洽相处、团结一致、积极用世，共同建设栖居之地和精神家园，形成诸多迄今为止仍全部保留或部分保留着农耕文明基因的村寨及乡镇。以农民为主体的乡土文化，与精英文化、市井文化长期互相依存，在孕育各具形态的社会生活的同时，各美其美，互相映耀，成为建构光辉灿烂的中华文化的丰富资源，承载着国人共同的历史记忆。逢此盛世，包括少数民族文化在内的乡村文化，劲挺焕发出蓬勃的朝气和活力，与城市化的进程同步，在继承往日传统的基础上，依据自身当下的条件，不息创设着具有自己特色的文化生活，呈现出生机勃勃和丰富多彩的文化事象。

在广西壮族自治区党委的领导下，经过多年努力，包括传统民居在内的广西大量历史建筑得到较好保护，形成了规模较大、内容和价值较丰富、活态传承的农耕文明遗产保护群。截至2024年，广西入选国家级、自治区（省）级“传统村落”“历史文化名镇名村”“少数民族特色村寨”“美丽休闲乡村”等名录的村落，合计超过800个（次）。这些具有地域特点、民族特色的乡土村落，是广西优秀文化的一部分，是中华民族共同体的瑰宝，是值得继续传承、有待不断开发的物质资源和精神资源。

习近平总书记先后指出，“乡村文明是中华民族文明史的主体，村庄是这种文明的载体”，“乡村振兴，既要塑形，也要铸魂”。重塑乡土文化，建设乡村精神家园，筑牢乡村振兴之根，确保乡村社会的持续稳定发展，既有重要意义，也是现实需要。

为贯彻落实党的二十大精神和习近平文化思想，广西壮族自治区党委宣传部指导策划，广西出版传媒集团组织漓江出版社的编创团队出版“广西村落文化丛书”，重点对广西村落的发展历史、建筑风貌、民居样态、民众生产生活方式、文化艺术结晶和民族地域特色等进行系统梳理，挖掘、整理蕴含在村落中的最具感染力、传播力的文化元素。本丛书被列入广西优秀传统文化出版工程，以区内20个秉具特色的村落为载体，书写中华文明史上的广西篇章、广西故事。

“广西村落文化丛书”推出的村落，基本上是迄今为止仍全部保留或部分保留着农耕文明基因的村寨或乡镇。所谓特色，指承载有乡土文明、地理特点、民族特性、历史意义，以及物质、社会和精神文化优秀传统的特征。这些特征涵盖了历史、政治、经济、教育、文化、自然、地理等方面，以及与此相关的发展脉络、山水风光、村落景象、公共设施、历史人物，乃至具体的商埠、街巷、建筑、物产、民俗、节庆、歌谣、饮食、服饰等，对它们的书写都是挖掘“村落文化”的题中应有之义。不同地域的物产资源与气候条件，决定着不同地域适宜人居的村落形制；不同的民族村落，又折射出不同民族的文化精神与审美情趣。

本丛书遴选的村落，覆盖广西14个设区市，涵括广西的四大古镇，包含汉、壮、侗、苗、瑶等多个民族特色村寨，选入少量独具广西特色的仫佬族、毛南族、京族村落，同时兼顾文旅基础好、广西文旅部门重点打造的村落。为踏实求真地完成这套丛书，作者们大量查阅典籍、方志，多次实地调研、访谈，多以“准史志”的严谨文字来写作，偶有散文笔调的呈示，也意在使史实的叙事轻快鲜活，为读者理解文本而创设情境。诚然，20个村落的丛书叙事难说全方位地反映了广西村落文化面貌，但由于每个村落都是一个“小世界”，其形貌、特性各有不同，故一定程度上仍可说，丛书不啻是广西异彩纷呈的地域文化和民族村落特色的缩影。因之，这些村落就不只是某个市县的地理乡镇，也不只是某个作者个体视角的村落印象，而是基于现实的记史、纪实的乡土影像，是包含了地理环境、历史脉络、文化积累和当下关注的宏大画卷。

本丛书兼顾历史性和当下现实关怀，既溯及村落们的过往，也描绘其当今的发展状况，蕴含着浓烈的时代精神，呼应了习近平总书记关于乡村振兴的战略思想。广西广大农村的各族群众长期居于乡村，他们热爱乡村、建设乡村，乡间一切物质与精神的积淀，更是注入民众血肉和灵魂的所在。凡是能够世代流传直至今日的良好的村落文化事象，必然是符合民意民情、具有强劲生命活力的，其赓续的功效，无疑地，既体现在精神层面，也体现在物质层面。新时代乡村的建设者，或可从中收获宝贵而又可靠的经验。

目录

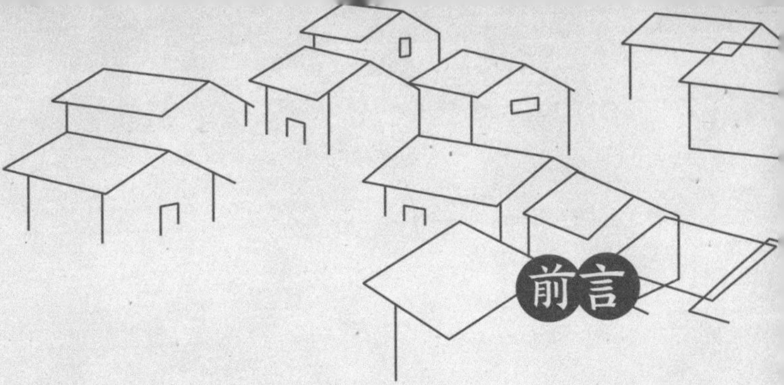

前言

这是我眼中的德峨。

这一定也是很多人眼中的德峨。

也一定还有更多别人眼中的德峨是我所没能看到的。所有看得到以及看不到的一切，才是德峨的全部。

没有人能看得清德峨的全部，因此来的人还会再来，没来的人也许有一天会来，也许永远都不会来。只是，只要来了，心里头一定会念着德峨。

这个位于滇、黔、桂三省（区）交界处的小镇，总面积为316.5平方千米，辖15个行政村，291个村民小组，居住着苗、彝、仡佬、壮、汉五个民族，少数民族人口占全镇总人口的96.50%。无论是独特的地理方位，抑或是多样的民族成分，都让德峨多了几分神秘色彩，那是关于少数民族的全部想象——绚丽的服饰、独特的风俗、神奇的传说、古朴的建筑……而这些，正是当地老百姓的生活日常。

德峨最迷人之处便是时光。旧的时光，新的时光，远的时光，近的时光，汇集在同一个空间，你会看到一种生活，它既是古老的，它又是崭新的。它融进这方水土之中，从那儿的人身上长出来，弥漫在人们的衣食住行里，弥漫在每一个日子里，每一个细节里。你会在某一个瞬间恍惚，然后感叹：果然，这就是德峨啊！

我想写德峨的时光带给我的诱惑，更想写在这些时光之下德峨人的生活日常——那些男人女人，大人小孩，他们内心里的悲喜，他们每一天的日出和日落、清晨与黄昏。

德峨苗族有四万多人，占全镇总人口的88.67%。这让小镇随处可见苗族人的身影。这个在历史上曾频繁迁徙的族群，颠沛流离千百年之后终于停留下来，在这片土地上过着安定的生活。这份安定，在了解那段苦难的迁徙史之后，特别让人动容。

在这本书里，我把笔聚焦在苗族人身上，写村落、建筑、衣饰、习俗、节庆，以及饮食，这些与人们生活息息相关的事，是时光的沉淀，更是时代的变迁。

说到风土人情，生活在德峨这片土地上，每一个民族都有着自己的风俗习惯，千百年的时光，让不同民族的文化融合在一起，沉淀为独属于德峨的味道。这些浓郁的民族风情，就像空气，或是像人的血肉，很自然的，你就会看到它，写到它。

因此，我写德峨的时光，是写风土人情，写德峨的人，也是写风土人情。

在石头上生长的苗寨

▼那座名叫张家寨的苗族小村子，立在高高山崖上，黛色岩石嶙峋，黛色吊脚楼依山而建，黛色青石板路，折折曲曲通向幽深巷道。

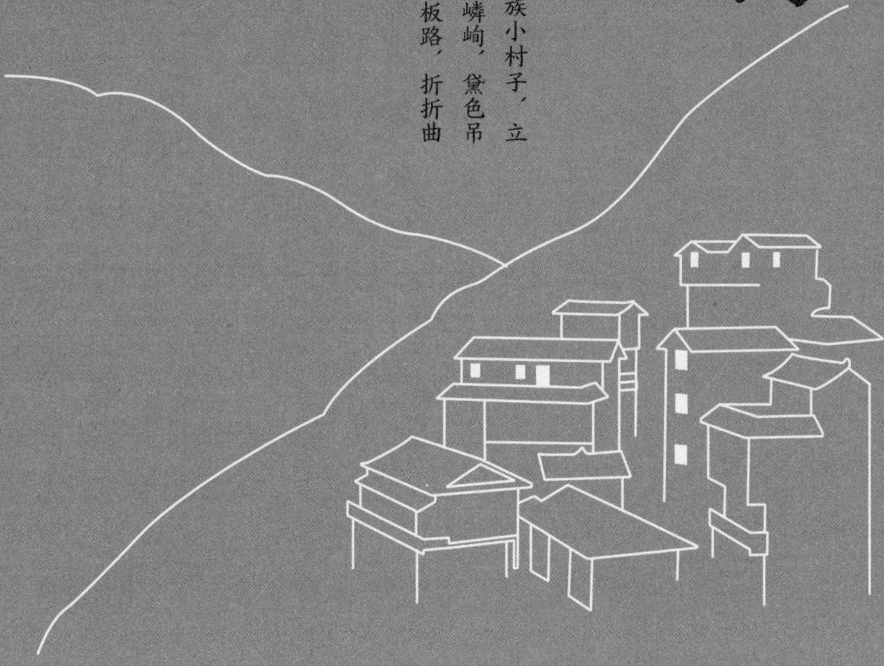

站在山脚往上看，吊脚楼似乎立在尖石顶，明黄色木板壁，青黛色瓦片，巍巍悬于山崖之上
蔡良 / 供图

迁徙之路迢迢

那座名叫张家寨的苗族小村子，立在高高山崖上，黛色岩石嶙峋，黛色吊脚楼依山而建，黛色青石板路，折折曲曲通向幽深巷道。黛色是经受岁月砺炼后沉淀下来的颜色，它自带一种力量，能让周遭的一切沉静下来，能让棱角磨去锋利和疏离，能让房屋、道路、岩石与山融为一体，与天融为一体。那是一种与城市喧嚣不同的宁静，时间是松弛散漫的，人的脚步可以舒缓下来，人的心也可以舒缓下来。似乎时光就停留在那里，等着人从容走过，从容去感受一生所有日子里的风与月。

往来的人内心里有多少波澜，张家寨从不曾理会——那些人来了，又去了，以后或许再来，或许不再来。不论来与不来，他们终又过回他们自己的日子，而它也仍过回自己的日子。它气定神闲地长久立在山崖上，立于桂西北一隅，在广西百色市隆林各族自治县德峨镇田坝村，不动声色地魅惑着越来越多的人，不远千里驾车寻访。

我不知道，我是因为一部苗族古歌寻找到张家寨，还是因为张家寨寻找到一部苗族古歌的，或许它们本身就是各自的彼与此。这部近60万字、5万余行的《王安江版苗族古歌》，是一个名叫王安江的贵州人，花费近40年时间，辗转贵州、湖南、广西、云南、江西、广东、湖北等地的苗族聚居区，以及越南、缅甸等地的苗族村落搜集而来的。后来，王安江成为第一批国家级非物质文化遗产代表性项目苗族古歌代表性传承人。在他这部收录苗族古歌的巨作之后，我又读到了不同省区的好几个苗族歌师从民间搜集而来的古歌，竟不由得被这个千百年里不断迁徙、不断流浪的古老民族吸引住。

我迷恋远古时光里沉淀下来的东西，无论是传统制作工艺，诸如刺绣、蜡染、织布、服饰、银饰，抑或是古歌、舞蹈，它们的每一道工序，每一道纹理光泽，每一个唱词，每一声唱腔，每一个动作神韵，都藏有令人着迷的东西。这些从远古时代走出来的东西，它们或许是时光本身，或许是生命奥秘，千百年过去，都已变成一个个欲说还休的谜，让后人无数次琢磨揣测。

我是在一个细雨飘扬的天气里来到张家寨的。高铁、高速公路通达后，这座隐藏在重重大山里的偏僻小村落便不再遥远。不论身在何方，四通八达的交通路线，都能让人便捷顺畅地来到这里。从隆林各族自治县县城行驶42千米，或是从德峨镇政府所在地行驶6千米便能到达张家寨。

隆林各族自治县位于云贵高原东南边缘，海拔较高，张家寨更是位于海拔 1600 多米的高山上。一路是雾，从山谷跟上来，越往前走，云雾越浓。尽管已进入冬季，满山遍野仍是一片苍翠。

山峦层层叠叠，公路千转百回，途中经过大大小小的村庄、田野，白墙灰瓦的砖混楼房星星点点错落有致，已硬化了的村级路、屯级路纵横交错，白亮亮的，伸向山间不知处的遥遥远方。油菜花遍地金黄，果子黄澄澄，林木绿油油的，让人看着没来由地心生欢喜。

直到公路旁不远处出现一道飞檐翘角的黛色寨门，我们才知道到了张家寨。寨门其实并不起眼，惹眼的是那些

苗族银饰　梁汉昌 / 摄

青石板石梯路，一级级从山脚蜿蜒而上，中途岔开，继续往上蜿蜒，再岔开，再往上蜿蜒，通到每一座吊脚楼前。千百年的雪雨风霜，千百年的脚步踩踏，那些青石板已被摩擦得温润如玉。

进寨石梯门　蔡良／供图

崖高，站在山脚往上看，吊脚楼似乎立在尖石顶，明黄色木板壁，青黛色瓦片，巍巍悬于山崖之上。我踩着青石板台阶，穿过一道窄窄的天然山门，终于看清那些吊脚楼了，它们果真就立在石头上，喀斯特地貌，一整座山几乎全是石头，建房的人把凸出地面的石头砸平，做成屋基，那些吊脚楼就依着山势，三三两两地从石头上生长出来了。

张家寨立在这山崖上已经很多年了，从明末清初算起，几百年的时光如流水飞逝，世事更迭，沧海桑田，只有这苗族小村寨年复一年沉默立在石头之上。这里居住着 74 户被称为偏苗（隆林苗族六个支系中人数最庞大的一支）的人家。其中 67 户姓张，7 户姓杨。寨子里最老的老人快 100 岁了，她脚步颤颤巍巍，却仍能清晰记得，她祖父曾摆（摆，铺开来说的意思）过的那个最早来到张家寨的人——多少辈了，那个人的故事，在张家寨人的口口相传里，流传了几百年，一直到现在。

那时候天下乱呀，三天两头打仗，不管打赢打输，税总是要交的，赢的那边要老百姓交税，输的那边也要老百姓交税，什么东西都要交税，逼得人卖田卖地，卖儿卖女，人要活不下去了。有人跑上山去做劫匪，做不了匪的，就只能逃，全家人全寨人逃到外地去。老人说着往事，目光浑浊，看向山的远方，仿佛那个人正从山那头跋山涉水走过来。

张家寨最早的先祖——时间太久远，没有人能叫得上他的名字了（几百年后，为了方便叙述，人们把他称为张公）——那个力大无穷的男人腰上系着弯刀，赶着马，驮上全部家当，就往山林里走。马驮边筐里，一只装着玉米、红薯、黄豆、南瓜，另一只除了一些杂粮，还装着他年幼的孩子。那个四五岁的小孩子被一根山藤绑着，牢牢固定在边筐内。八九岁的孩子双手牵着马尾，紧紧跟在马后。十三四岁的孩子则跟随母亲一起，每人身后背着一个背篓，里面装着锅碗瓢盆、锄头斧头等物什和一些衣物。一家人就这样从贵州逃了过来。

贵州其实离隆林并不远，只隔着一条波涛汹涌的南盘江。那人砍倒几根大楠竹，扎成筏，渡过江，就到了隆林地界。当然事情远远没有如今说来的这般容易。那时候没有大路，没有车马，走到哪儿靠的都是两条腿。南盘江太宽，浪太凶，两岸山高林密，一座连着一座，延绵百里，毒蛇猛兽也多，能活着渡过江，活着走到隆林，就算是命大的了。

那时候，张家寨还不叫张家寨，它只是两座相连的山峰，耸立在连绵大山中，崖高壁陡，几乎全是石头。树木从石头缝隙钻出来，攀着石壁生长，竟也长得蓊蓊郁郁。每年冬天，纷纷扬扬的雪装饰得千山万岭一片银白；一到夏天，漫山遍野的映山红盛开，明艳艳地晃人眼睛。坡壁上到处是悬竹，纤纤细细的，一簇簇、一蓬蓬，从岩石坡坎垂挂下来，风一吹，枝条摇摆，婆婆娑娑，像一帘巨大的绿色瀑布。

饥肠辘辘的一家人眼里看不见风景。这般光景只会提醒他们这里的土很瘦，只有贫瘠的土地，才会生长出这些看似柔弱实则坚韧的植物。张公有些失望，可他们不能再走了，那么远的路，人和马都走得疲乏了，仿佛再多走几步，身子就会崩塌下来，成为一堆废墟。就当是暂作歇息也好，总得让身养一养，让心也养一养。

土太薄，种不出玉米。玉米是最不挑剔土地的作物了，只需一捧土就能生根、抽芽、结籽，可这山头却没有几捧土。它几乎一无是处。好在周边荒地多（石头仍多，土仍瘦。灰黑色的石灰岩从土里钻出来，把地割得零零碎碎，大小不一、高低不等地点缀在山野。可他一眼看出来了，那些土能养得活玉米、红薯、黄豆等作物），林子也多，人可以开荒，可以打猎。而开荒和打猎，正是苗族人在频繁颠沛流离的迁徙途中，从荒山野岭里修炼出来的最擅长的本事。

一家人就这样住了下来，荒山上开始有了第一户人家，升起第一缕炊烟，响起第一声孩子的啼哭和欢笑。选择把房子建在遍地石头的山崖上，是因为周边稍好些的地方都已住有人了。深山密林里，盘旋交错的山湾、山坳、岔冲、峡沟都住有苗族人（这些苗族人，大多也是从贵州迁来的，只有少部分是从云南、湖南、江西等地迁来，来得最早的人家，据说还在唐朝时就迁过来了）、彝族人、仡佬族人，较平缓的地方住着汉族人，更平缓的地方住着壮族人——他们是这片土地最早出现的人，占据着大片肥沃的河谷和田野。选择住在石头上，还是因为舍不得拿好地建房子，土地太少了，要留来种粮食。石头种不出粮食，就用锤子砸，用錾子凿，平整出来建房子。至于住在山崖上，居高望远，易守难攻，能防御外敌劫匪，却是后来的事了。最初来到这里的时候，根本就没想过防御——人穷得衣不蔽体，食不果腹，哪还有什么东西值得别人惦记的呢。

一座杈杈房孤零零在这山崖上出现时，几乎没人觉察。是那种最简陋的杈杈房，从林子里砍下两根带有丫杈的木柱，对顶搭成三角，往柱杈上搭一根横木做梁，横梁一端斜插在石壁缝隙里，并用绵韧的山藤绑扎固定好，再用茅草编成篱笆墙，顶上也盖上茅草，就成了一家人睡觉的地方。一座低矮的杈杈房，就这么孤独地点缀在幽深广袤的树林里，它的周围是丰茂的茅草，远处是高山峻岭，脚底下是陡峭危崖。

这样的杈杈房矮小狭窄，风大些，雨大些，冰雹、雪大些，就会垮塌。它只是一个临时住所。每迁徙到一个地方，在日子还没安定下来之前，苗族人都习惯先简单搭建这么一个杈杈房。这是为了方便随时搬迁，如果这个地方住得不安稳，一家人仍得继续迁徙，直到找到一个能住得安稳的地方。

最初总是最苦的。烧山开荒，刀耕火种，在一片荆棘乱石中开垦出一个能生存的家园来。大的孩子扛着锄头背着背篓跟随父母上山下地，小的孩子留在杈杈房里看护更小的孩子，一家人终日埋头躬身在荒野里。好在男人力气大，一个人能顶七八个人用。

开始的时候，山崖上的人很少与外人来往，除了跟附近山头同样是偏苗的几户人家走动——苗族人见到苗族人总会天然感觉亲近，特别是同一支系的苗族人。后来打得猎物，找到山货，打得柴火，也跟着扛到山下的德峨圩卖，换些盐巴、粮食、刀具、锄具，或是鸡崽、猪崽、牛崽、马崽，渐渐就跟那些彝族人、仡佬族人、汉族人、壮族人有了往来。日子就这么慢慢安定下来。几年后，张公回到贵州，把还留在老家的亲人陆陆续续接了过来。山崖上的人家，慢慢就变成了两三户，四五户。人多了，房子多了，山崖上渐渐形成一个小村落。因山崖上住的都是张姓人，山下的人提到崖上村庄时，都自然而然地把它称为张家寨。叫的人多了，张家寨便也成了崖上村庄的名字。

又过了好些年，张公回到贵州，把姑妈一家人也接了过来，两姓人家分别住在山崖的两头。姑妈嫁的人家姓杨，山崖上的村庄，便成了张姓和杨姓共同的家园。

临时搭建的杈杈房拆了——日子稳定下来，房子也要跟着稳定下来。重新建起来的仍然是杈杈房，只是比原先多了一些讲究。仍然是用留有丫杈的木桩，在屋基上打出几个深坑，像栽树木一样，栽下三至五排木柱，形成“山”字形，再往每一个柱杈上搭一根横梁，用山藤或篾条把竹木纵横架绑成“人”字形盖面，然后铺上茅草。房子的四周用小木条、芭茅草、玉米秆等材料围系起来。这样的杈杈房虽然仍然抵御不了水火、冰雹、风雪的侵袭，但到底比原先临时搭建的杈杈房高大、宽敞、牢固、舒适多了。

路是人用双脚一天天走出来的。山崖上的人在赶德峨圩的途中，在干活的间隙，随手就搬一搬碍了脚的石头，或是凿一凿陡得下不了脚的地方，悬空塌陷的地段，就从一旁抱块稍平整的大石头铺上。深山里看不见时间，所有的事情都进行得不紧不慢。树木不紧不慢地生长，花草不紧不慢地枯荣，人不紧不慢地繁衍生息。石板路就在这样的不紧不慢里，一块一块零零碎碎地铺搭，不知多少年过去，竟也蜿蜒到山上来了。在不紧不慢的日子里，山崖上的孩子一年比一年多，猪鸡牛马也一年比一年多，人们看着房前屋后四处游荡的牲畜，开始担心起盗窃劫匪的事来。不久后，进寨的必经路上便用木头扎起了两道门，崖上的人扛着猎物、山货、柴火下到德峨圩卖，或是山下的人来崖上买牛马，都要通过这两道门。

尽管时间过去了几百年，张家寨的人仍还在说起当年张公扛着柴火走过这两道门的情景——他真是力气大呀，高高的柴垛整个儿将他遮盖住，寨子里的人只看到山一样的柴垛在石阶上快速移动，长长的柴尾，恰好能从寨门擦过。第一道寨门旁，斜长着一棵巨大的皂荚树，粗大的树干在空中横跨过来，往寨门的另一头生长，在寨门上空形成一个拱门。寨子里顽皮的孩子喜欢爬到树上，躲在浓密的枝叶间，有人进寨来时，就往下撒尿或泼水。张公扛着柴火走过，柴尾刮擦着两侧石壁唰唰响，这样的时刻，树上倒是安静的，平日里再调皮的孩子此时也变得安分，谁也不敢招惹这个寨子里力气最大的人。

山崖上，时间似乎是静止的，岁岁年年，林仍苍莽，草仍枯荣，只有小寨子在无声无息里不断生长。一茬茬人老去，一茬茬人出生。鸡鸣狗吠牛哞，草长花开叶落，有声音的，无声音的，全都焕发着生机，像寒冬里栽下的树木，熬过冬天后，春天里到底还是抽枝拔节了。山崖上的杈杈房，在这样的生机里，零零星星变成了茅草房，又零零星星变成了吊脚楼——房柱不再是需要栽入地下的、留有丫杈的木桩了，而是像平地那些壮族人家的住房一样，在山林里挑选挺拔修长的大树，伐下来，做成木头柱子，用它搭建榫卯结构的吊脚楼——山崖上的人顺着山体，把斜坡挖成上下两层，用大石作为柱础奠基，上面用长木柱支撑，层与层之间的山壁和外层山体用石头砌成保坎。建房时，将前排落地房柱搁置在下层地基上，最外层不落地房柱与上层外伸出地基的楼板持平，形成悬空吊脚，房柱与房柱之间用瓜（瓜，一种建筑构件，在苗族吊脚楼中用于支撑檩条和椽子，形成稳固的木构架体系）或枋穿连。房子四周砌石墙，或是装板壁、围篱笆，屋顶则用杉木皮或茅草盖严实（过了很多很多年后，才换成了用青瓦来盖）。

张家寨山太高了，气候不同于海拔低的平地，山崖上阴雨多变，常年云雾缭绕，雾起时，弥漫四野，咫尺莫辨。冬季是必有雪的，而冬春之交，山上寒风凛冽，山下阴湿寒冷，滴水成冰。一年四季，空气潮湿，地气很重。这些顺着山体层叠而上的吊脚楼，通风性能好，住起来干爽，很适合高寒山区。

在公路还没修到山里来时，山里山外是两重天。山里人不知山外事，山外人也不知山里事。多少年里，张家寨默默立在山崖上，鲜少被山外人知道，偶尔有摄影家背着相机翻山越岭到来，将它摄入镜头内，转头便又重归沉寂。没有人知道，那个导演是如何寻到张家寨来的。张家寨的人只记得，有一天，山崖上突然来了一群奇怪的人，扛着一堆奇怪的仪器，说是要拍电影。寨子里的大人小孩围着他们看稀奇，竟也能兴奋好几天。那已经是 20 世纪 70 年代的事了，看稀奇的热闹场景，在那一代张家寨人的记忆里仍清晰如昨——是那部有名的电影，反映天津医生扎根山区、艰苦创业的《马驮医院》。

后来，又陆续有导演寻到张家寨来，拍摄电影或电视节目，张家寨凌空的悬崖，依着山势层叠而上的吊脚楼，一次次跟着镜头走出山外。有一天，一个画家也寻到张家寨来了，很多年后，人们才知道，那是著名的广西岭南派画家吴学斌。

山外的人一次次到来，张家寨人看向他们的目光里，已平静如常。那个时候，公路已开进山里来了，路经过山崖底，穿过山坳，又往远山伸去。路是人的脚，它带着张家寨的人不断走出大山，也将山外的人不断带到张家寨来。路也是房子的脚，山崖下公路边，陆陆续续“长”出了房子。张家寨立在山崖上，看到更多的村庄，隔着悬崖，与自己延绵成片。

寨子里的生活日常　蔡良／供图

2014 年春天，隆林各族自治县对张家寨进行新农村建设，重点实施了木房修缮、人畜饮水安全、危房改造、寨内道路硬化、人畜分离、电网改造、寨内绿化亮化、农村改厕等 20 多个项目。张家寨的时光，在这一年里，似乎猛然流动起来，像在睡梦中被催醒，一步跨成了千万步。水电路的通达让张家寨人的生活更舒适便捷。悬崖依旧，吊脚楼依旧，只是路更平整，村更洁净。张家寨在旧的时光里，也在新的时光里，它让时空交错，让每一个来到这里的人，都清晰地感受到自己在古里，同时也在今里。仿佛时空的分界点，往后看一眼，就看到数百年前缓慢从容的时光，而往前看一眼，就能看到如今这个沸腾繁华快速的时代。

后来它在“中国最美百村千寨”村落评选中被评为“广西十大美丽村落”。

再后来，它成为了国家 AAA 级旅游景区。

张家寨一隅　蔡良／供图

清晨和黄昏

只有到了节假日，张家寨才会闹腾起来，那是属于游客的时光，传统节日的氛围更为浓郁。平日里，张家寨是寂静的，那是属于村民的时光。我来到张家寨的时候，正是属于村民的时光。

寨子里很静。和别的村庄一样，这里的年轻人大多外出务工去了，留在家里的多是一些老人和孩子。三两个村民坐在屋前聊天，看向我们的目光很是寻常。这些年，路从远方带来的人和带去远方的人，都让村人的目光拉长，越过重重山梁，看到山之外更辽阔、更繁复纷杂的世界。我们这些山外游客突然到来，或突然离开，张家寨的人早就习惯了。

我们沿着石级路慢慢行走，几只毛色鲜亮的鸡悠闲地在墙根脚岩石旁觅食，骤然被我们的脚步惊到，慌忙四散，扑棱棱拍打着翅膀，飞上石端或墙头，瞪着圆溜溜、黑漆漆的眼睛，无辜又警惕地看着我们。偶尔有母牛带着牛崽，橐橐地从我们身边走过，看也不看我们一眼，把我们逼退

雾凇映山寨 蔡良／供图

到路坎下，然后大模大样停在路中间，竖起尾巴，旁若无人地拉屎拉尿，再橐橐地大摇大摆离去。我们四处张望，却看不到牛的主人。这一切都是寂静的，惊飞的鸡和橐橐行走的牛，都加深了张家寨的寂静。

云雾丝丝缕缕，绕着黛色的岩石和黛色的吊脚楼，无声无息流动。云雾在远处时，成团成片；云雾在跟前时，却涣散如游丝。山静止，道路房屋静止，只有云雾在流动，这让张家寨像一幅画，却又分明不是画。

树木绿莹莹的，挂着雨露。细雨是我们走到山崖底时才飘起来的，淡淡的，若有若无，落在脸上、脖子上，很是冰寒。来之前，这里刚下过一场雪，我在微信朋友圈里看到过它们的样子，那是一个美丽的冰雪世界。我知道，待我离开之后，这里还会下一场雪。天气预报早就准确捕捉到这个信息，并通过手机传递给我。

这个冬天，我在张家寨就只看到云雾和细雨了。这是张家寨千百种面孔中最常见的一种。山崖上天气捉摸不定，

雪里张家寨　蔡良／供图

季节在这里，只是一个模糊的影子，有时候山下还是夏，山上却已是冬了。这让来到这里的人，隔着一天两天，甚至只隔着早上和晚上，就会看到不一样的张家寨。

张公用木头扎成的寨门早已不见了，那道飞檐翘角的高大寨门是后来修建的。狭窄的天然山门旁（那里曾经是第一道寨门），那棵生长了几百年，抑或是上千年的皂荚树，老得只剩下半截粗大的根蔸，石头一样立在原地。几根细枝从深褐色的根蔸旁长出来，嫩绿绿的，也不知道多

年后它们会不会斜伸到对面去。

一个妇人背着背篓从石级下走上来，她穿着偏苗服装，蓝色大襟短上衣松松地系着带子。长过小腿的黑色半筒半褶蜡染长裙，绲压的两道红白彩线很是醒目，还在几百米开外，就抢先进入我眼里了。裙头的蜡染花布，裙两侧的褶纹，裙前的长围腰，平行下垂的细彩带，随着她脚步的走动，上下牵扯左右摆动，像带着风，很是婀娜。她应该年过七旬了，脸上纵横的皱纹告诉我，她大半生的沧桑。可她浑身上下，却让人莫名感觉出不一样的婀娜优雅来。那是来自偏苗服饰的婀娜优雅，与人的年龄无关，与人的容貌无关，甚至与人的高矮胖瘦无关。我在德峨圩看到的偏苗女子，八九十岁，四五十岁，二三十岁，十一二岁，五六七岁，任何一个年龄段的女子，当她们身着传统偏苗服饰时，无论是站立着，双手插到衣襟下（这是传统苗族女子常有的站立姿势）跟人闲闲交谈，抑或是背着背篓躬身行走在山道上，都有一种独特的迷人风韵。

妇人走过我身边时，抬头朝我笑，说："来啦？"她说的是桂柳话，每一个字里都带着苗语的音律韵味。我也朝着她笑着回答："来了。"我说的也是桂柳话，我的话里带着壮语的音律韵味。简短的一问一答后，她低头，继续往层层石级上走去。我回头凝视她的背影，有一瞬间的恍惚。我与她，在眼神与眼神碰触的瞬间，在微笑与微笑交融的刹那，那些亲切温暖的感觉，仿佛彼此相识已久，仿佛我原本就是张家寨的人。这个寨，谁都不知道我们会到来，却又似乎谁都在等着我们到来。

蜿蜒曲折的石级路，安静挺立的吊脚楼，每走一步都摇曳生姿的偏苗女子，以及那些悠闲漫步自由觅食的漂亮土鸡，旁若无人大模大样独自行走的牛，都构成了独属于张家寨的味道。我喜欢这味道。也或许，这正是游客对张家寨的所有想象吧。既有便捷舒适的基础设施，又没有太多的商业痕迹；能看到原汁原味的古村风貌，又能享受到现代生活的便利。游客的内心里，总有着太多互为矛盾的期待和想象。

张兴义奶坐在屋檐下绣花。隆林苗族女子，很多人的名字后都带有“奶”字，那是来自隆林苗族特有的母子联名习俗——苗族女子生下第一个孩子后，名字便随了孩子的名字，只在后面带上一个“奶”字。我想，那应该是“妈妈”的意思吧。女子在生下孩子后，就不再是女子本身了。她的心是孩子的，她的身是孩子的。她藏起自己，跟少女时代的青春和梦想作别，此后的一生，便只是孩子的妈妈了。这个习俗和壮族是一样的，只是壮族女子是在孩子的名字前面，带上一个“乜”字。

张兴义奶绣的是背带花，浆过的布，裁剪成巴掌大的三角形，绣上花后，再拼接成一大块正方形，小三角形里的花，便连接盛开成一大片。苗族女子把这花团锦簇背在身后，下德峨圩赶圩时，她的小宝宝就能安睡在这片吉祥的花海里了。

我们坐到张兴义奶身旁，看她慢悠悠地抽针拉线。有人问："一个背带要多久才能绣好呢？"

张兴义奶笑笑，说："背带花不难绣的，七八天就可以绣好了。"她说得那么轻描淡写，仿佛绣花是一件轻而易举的事，仿佛她的七八天长度只是别人的七八分钟长度。我们说的仍然是桂柳话。张家寨的人都能说一口流利的桂柳话，自然，他们也是能说一口流利的普通话的。无论是哪一种语言，从他们嘴里说出来，每一个音韵里，都能听得出苗语的味道来。

"真好看呀！"我忍不住赞叹。张兴义奶笑着说："我们这一辈人，每一个苗族女娃娃都会绣这些呀，不但会绣花，还会种麻、剥麻、纺纱、织布、蜡染，做衣服、裤子、裙子，这些都要会啊，一家人的生活都靠两只手呢，不会怎么行呀。那时候，苗族女娃娃很少有人能进学堂读书的，五六岁就跟着阿妈学做工，一天里，除了上山种地砍柴，其余时间就学剥麻织布绣花，学做一家人穿的用的衣物。那时候也没想过什么苦不苦的，全寨子男男女女、老老少少每个人都一样，没有一天是闲的。现在生活好了，衣服裤子不用再一针一线慢慢做了，集市里什么东西都有卖。只是绣花绣了几十年就成了习惯，每天不坐下来绣一绣，总感觉漏了什么事没做完一样。"

张兴义奶和我们说着话，手里不停地飞针走线。她应该有六十多岁了吧，身上能看到岁月的痕迹，只是脸颊依然是红润的，说话或不说话时，脸上总带着笑。她没戴眼镜，细细的针牵着细细的线，在小小的红布上忙碌穿梭，一朵朵好看的花就在她手指间接二连三地开出来了。当然不是通常意义上的花，而是一些线条和图案，如菱形、波纹，还有一些我形容不出来的更为特别的花样，它们组成了一个纷繁的世界。

张兴义奶身上，绿色大襟短上衣流动着水一样耀眼的光亮，这让她的脸似乎也闪着光，整个人看起来熠熠生辉。那是一块用绿色线和银色线混合纺织的布料，是从集市里买来的工厂流水线生产的布料，张兴义奶按传统方式裁剪，把它制成传统偏苗服装。闪着光的绿色大襟短上衣，依然松松地系着带子；长过小腿的黑色半筒半褶蜡染长裙，依然是绲压的两道红白彩线，依然是裙前的长围腰，依然是平行下垂的细彩带。流光溢彩的现代布料，缝制成传统服饰，竟一点儿也不违和，还派生出不一样的美来。那是一种生机勃勃的美，耀眼的美。

似乎一直没变，又似乎一直在变。几百年前，张公带着妻儿来到这片山崖上安家时，妻子女儿穿的就是大襟短上衣，半筒半褶蜡染长裙。几百年后，张公的后人，张家寨的女子们穿的仍然是大襟短上衣，半筒半褶蜡染长裙。不同的只是用料。传统偏苗服饰，布料是女子们自制的麻布，它制作工艺的繁复细致，是女子们用时光和耐心去造就的，如果从种植麻的那个春天算起，一匹布的完成，至少需要一年的光阴。

而现在，那些光阴和耐心，都可以交给机器了。女子们只需骑着摩托车或乘着面包车、小轿车，去一趟德峨圩，就能买到各种质地各种花样颜色的布料。只要女子们喜欢，那些挺括的、柔软的、闪光的、素净的、鲜艳的布料就会变成五颜六色的偏苗服饰，摇曳多姿地穿在她们身上。

在现代工艺面前，苗族服饰显示出它极大的包容性。它可以是沉静的，像千百年前的苗族女子一样，穿着一身用麻纺织蜡染而成的衣服，把自己隐在黑与蓝的素净色调里。它也可以是绚丽的，那些从机器中流淌出来的鲜艳跳脱的布料，让苗族女子们披着一身耀眼斑斓。很奇怪，苗族服饰用多少素色它也不是素的，而用多少艳色它也不是艳的。它永远是沉静的，永远是惹眼的，无论是一身黑或一身斑斓，它远远走过来，旁人的目光就会被它吸住。

也因此，隆林各族自治县十六个乡镇，无论逢哪里的圩日，苗族女子身上的服饰总是最惹眼的——不同支系的女子穿着自己支系的传统服饰，那些温婉的、大气的、灵动的、窈窕的身影，总是众人目光聚焦点所在。

我们稀罕的眼神让张兴义奶很是得意，她从屋里拿出一个绣好的背带，披在身后，展示给我们看。她歪着头，笑吟吟地看向身后，似乎背带里真的裹着一个小宝宝。她的眼睛在回头的那一瞬间，漾起了爱意，一丝羞涩从她脸上倏然泛起。我似乎看到十八岁的张兴义奶，新嫁娘的张兴义奶，初为人母的张兴义奶。看到一个苗族女子在时光里，走过她的少年、青年、老年。她从几百年前的张家寨走来，走成了我眼前的张兴义奶。

也真是奇怪呀，在张家寨，每一个细节都能看到过去的时光。那些漫长悠然的时光里，漫长悠然的日子，漫长悠然的各种手工艺，似乎它们就生活在一个历史长河中被封存的博物馆里。

苗族银饰　梁汉昌／摄

日出和日落

我们在一幢吊脚楼前停下来，五柱十五头的房子，二层木瓦结构，房子四周，严丝合缝地围着木板壁。拔地而起的石头屋基、鳞次栉比的青黛瓦片、桐油漆得光亮的明黄色木板墙，张家寨的房子大多如此。

我抬头看屋顶，那些立柱、架梁、顺檩、瓜和枋，以让我眼花缭乱的方式组合、叠加，呈现出精巧和古拙。屋前两侧四根立柱延伸到檐下的排枋，顶上各立有一个“木瓜童”，矮墩结实的滚圆身子，拙拙地凿出条状云状纹饰，建新房时涂染上的黄红绿三色已陈旧褪色，反而让它生出一种悠远的神秘感来——那些来自远古时代，人们对这个混沌的、庞大的未知世界的敬畏、想象和祝福。这是苗族人的暗语，能通达千百年的时光，它就弥漫在人们的生活日常里，潜藏在屋檐下的“木瓜童”上，在传统衣饰里，在信仰禁忌及各种仪式和古歌乐器中。

隔着又一根排枋，从那“木瓜童”身下，伸出一只憨憨的小脚。四个“木瓜童”便有四只憨憨的小脚。大门两

苗族木构建筑修建中　梁汉昌／摄

村民在抬木头建房子　梁汉昌／摄

侧的两只朝内，伙房厢房两边的两只朝外。是一个胖小孩的脚？还是一个顽皮的小男孩的脚？没有人给我答案。它分明是一截木头，可我一眼看到的，就是两只正朝屋里奔跑和两只正朝屋外奔跑的调皮胖小男孩的脚。这四个拙拙的“木瓜童”，和四只憨憨的小胖脚，让人看着忍不住心生欢喜，会没来由地联想到生命，充满烟火气的人间，内心就会焕发出春天里万物勃发的感觉来。

房子后面也和前面一样，四根立柱的排枋上有四个“木瓜童”，它们的脚和前面一样，同样是中间的两只朝内，伙房厢房两边的两只朝外。

“这是招财童子。”敖德金说，“外边两个‘木瓜童’双脚出门，中间两个‘木瓜童’双脚进门，意为空手出门，抱财归家。还意为，进来的是男丁，出去的是姑娘。”敖德金还说了很多很多，那寓意大抵是：人丁走进来，钱财走进来，平安走进来，一切美好都走进来吧。敖德金是自治区级非遗项目德峨苗族跳坡节的代表性传承人，他家离张家寨不远。这是一个多才多艺的男人，爽朗健谈爱笑，会吹木叶曲，会唱苗族山歌，会弹唱月琴，会跳芦笙舞，对于苗族历史文化或民间习俗，他都能随时娓娓道来。

走进去，屋内布局和壮族人家、汉族人家的传统民居差不多。正堂在中间，正堂一侧、后面都有卧室。一个木梯子贴着正堂木板墙，通往二楼，我爬上去，看到秋收的玉米层层叠叠堆满阁楼。这样的场景我太熟悉了，小时候，我家阁楼也是这样，层层叠叠堆满了玉米。

房主人笑盈盈地告诉我，张家寨的住房，左边是男孩子的房间，右边是女孩子的房间。房间建在日落的方向，伙房建在日出的方向，而且伙房一般都做得比房间大。

他在表达方位的时候，用了“日出”和“日落”两个词，让我很讶异。我问：“伙房为什么要建在日出的方向，而房间要建在日落的方向呢？”

房主人说：“老辈人都是这样传下来的。说是苗族先祖从中原迁徙来时，就是从日出的地方，走到日落的地方。”房主人三四十岁年纪，脸上总挂着盈盈的笑，他话不多，每一次回答都只是简短的句子。

我的心被“日出”“日落”抓住，快速跳了起来，蓦然想到读过的那部《王安江版苗族古歌》。在《跋山涉水》一章里，我看到无数个段落都在唱日出和日落，那是苗族先祖迁徙的起点和终点，是第一个故乡和之后的无数个故乡。这群自称是蚩尤后代的人，他们的祖上曾走过漫长艰难的迁徙之路。先祖们把走过的路、遇到的事、生活的场景、内心的悲苦，以及对世间万物的理解和想象，都编进歌词里，让千百年的记忆像流水一样，一辈接一辈源源不断流淌下来。包罗万象的苗族古歌，从宇宙的诞生、人类和物种的起源、初民时期的滔天洪水，到苗族的大迁徙、苗族古代社会制度和日常生产生活等，以细腻的白描和瑰丽的想象，用歌谣的方式，呈现传递给后人，最终成为一个民族的心灵记忆。

日出的方向是故乡，日落的方向是他乡。先祖们一路行走，一路把他乡变成故乡。那些漫长的迁徙路上不断停留驻足的地方，很多具体的地名都已在时间长河里被丢失遗忘，后人们能记住的，便是日出的方向——那是第一个故乡的方向，先祖们心心念念的家的方向。张家寨的人把伙房建在日出的方向，是因为思念那个遥远的故乡吗？

隆林苗族的各个支系都有一种为亡灵“指路”的习俗，每当有逝者仙去，家人都会请祭司来为他念诵“指路经”，指引亡灵溯着先祖迁徙的路线，回到东方老家去。每家祖上迁徙的路线不尽相同，指路经里说到的地点也会有所不同，但必定都会经过那条著名的浑水河——黄河。那条路太古老太遥远了，要是没有祭司来指引，亡灵就找不到路，无法回到老家和祖先团聚。

祭司庄严肃穆，口中念念有词，用他们独特的语言与亡灵沟通，指引亡灵在迷茫中，走出一条苗族祖先的历史迁徙之路，同时还追溯了苗族的历史，诉说苗族人对故土田园山川的眷念之情。也因此，每一场苗族葬礼，当祭司为逝者举行指路仪式时，都是一场长辈对晚辈关于苗族历史的普及和苗族古歌的传承。

祭司抑扬顿挫地唱诵着“指路经”，对着亡灵千交代万嘱咐，因为路途遥远，亡灵要跋山涉水，乘木筏竹排渡过大江大河，直到遥远的东海之滨，太阳升起的地方。

哎——
你的魂灵已飘出你的身躯啊！
你同大公鸡一道走，
到达阴阳界的山垭口，
有三条路摆在你面前：
上边一条，
是莽刷（苗语直译，指彝族和汉族）做纸张布匹生意的路；
下边一条，
是黄牛水牛的脚印路；
只有中间一条，
才是你去见祖母祖公的路啊！
……

哎——

你的魂灵已飘出你的身躯啊！

你就要走过毛虫山毛虫坝，

那毛虫起身有羊大，

你要用你的苎麻鞋子把它来踩化，

那毛虫起身有羊高，

你要用你的苎麻鞋子把它头来敲。

这样你才能去见祖母祖公呀！

……

祭司哀伤低沉的声调，催人泪下。在悲郁的气氛里，人们听着祭司的唱词，就知道，亡灵从床上出发了，他经过堂屋，走出大门，渡过巨浪翻腾的“浑水河”，翻过崇山峻岭，经历了一路的坎坷与艰辛，最终到达了祖居之地——那个遥远古老的东方，那个太阳每天都升起来的地方，那个尽管过去了千百年，至今仍被苗族人以各种方式深深怀念着的地方。

这些古老的旋律，婉转低回、悲凉沉郁。这也是苗族古歌的基调和底色，是这个多灾多难的民族对先祖迁徙历史记忆的基调和底色。

我听到过苗族老人唱苗族古歌，那似乎是一个隆重的苗族节日，那位唱古歌的老人，七八十岁的年纪，缠着黑头巾，穿着黑大襟长衣，系着黑布腰带，长及胸的灰白胡子，清瘦的面容，浑浊而有光的眼睛。他的面前是一群身着传统苗族服饰的人，他们看着他唱，时而也跟着唱。老人神情庄重，声音苍凉而忧郁，我能看到千百年的风雨在他眼睛里涌动，流淌到他面前那一群人的眼睛里，又在那群人的眼睛里涌动，流淌到我眼睛里。众人的歌声是那般悠远、深邃，带着忧伤。

……

决定迁西方
迁徙不动摇
谁紧跟妈妈
谁紧跟爸爸
才能走抵达

喊上老祖太
她年纪太老
扶她一道走
叫她一路行
我们迁西方
寻找好生活

日出叫东方
日落叫西方

晴天看太阳
雨天沿江上
来到江上游
……

在古歌里，这族人离开日出的地方，朝着日落的方向一直走，一直走，一路不断有人留下来，在那个地方建立家园，繁衍生息，其余的人继续朝着日落的方向一直走，一直走。走到黔西南时，有一支往隆林方向而去，并最终留了下来，成了今天的隆林苗族人。

在相关史料里，关于那段苗族迁徙史，是这样说的：由于历史上的民族斗争、阶级压迫、生存危机等多种原因，苗族沿着黄河下游—长江中下游—西南地区的路线，进行了无数次的、大规模的、远距离的迁徙，扇状分布到湖南、湖北、重庆、四川、贵州、云南、广西、广东、海南等省（自治区、直辖市），形成今天的分布格局。先民们从北到南，由东向西，不断地流动迁徙，跨越漫长的时空，经过无数次的生死搏斗，饱受无法想象的苦难，有过许许多多的家园故地。

隆林苗族人说起自己的祖籍时，大多说是从“夺刚碟”来的。他们的记忆里，还有着先人们曾描述的细节。那时候也许是明朝，也许是清朝，关于时间节点，先祖们总是只给后人留下一个模糊的影子。那时候，苗族人没有自己的文字，先祖们把万物都唱进歌词里，唯独对时间是模糊的。他们只记得，那时候，朝廷曾多次出兵云南、贵州、四川，天下到处兵荒马乱，老百姓流离失所。在暴政之下，苗族人不得不奋起反抗，却一次次被残酷镇压。在朝廷又一次对苗族人的残酷镇压中，先祖们从贵州逃出来了，他们带着狗，牵着羊，领着妻儿，整村整寨迁徙。先祖们记得，他们曾经过一个桃花盛开的地方，在一个山坳口歇脚、吃饭，等还落在后面的亲人……那个山坳口叫作“豆东岔”，那里有一棵枝叶茂盛的大树……

“夺刚碟”是苗语，意思是天边底下的那块地方。有人说，“夺刚碟”在今天的山东泰山，还有人说，“夺刚碟”就在洞庭湖、鄱阳湖流域一带，因为，从西方回头看东方，那里正是天和地交接的地方。年代久远，又无文字记录，这些具体的地名如今已无法说清了，唯有那个名叫“豆东岔”的山坳口，曾有学者考证，说是今天贵州北部的娄山关。一些上了年纪的人，用很肯定的语气说，先祖们后来还经过了那条著名的铁索桥。

在隆林，相关文化部门曾做过田野调查，从一些地方史志、族谱、碑刻及民间传说中，零星找到了关于桂西苗族活动踪迹的记录。

大约在唐末宋初（10 世纪），苗族便开始涉足桂西高原这片山地，最先是从黔西南进入桂西北的隆林、西林。苗族迁入这片山地，是逐渐的、漫长的过程，至今有 1000

年左右的历史了。其间的迁移过程、方向、路线错综复杂，大致方向是从川南到黔西北，再到黔中、黔西南，最后到达桂西。另有一些从滇东北、滇东南而来，少数是从湖南、江西等地迁来。

隆林中南部自东向西横亘着陡峰坡—蚂蚁坡—金钟山一列山脉，绵延近百公里，横贯隆或、克长、德峨、猪场、革步、金钟山六个乡镇，是隆林的脊梁，全县地势最高的地方。陡峰坡、蚂蚁坡、金钟山的海拔依次为 1951 米、1825 米、1819 米。山脉南面的水流入驮娘江，北面的水流入南盘江。在这一列山脉的梁干及其盘旋交错的山湾、山坳、岔冲、峡沟，有大量的苗族村寨，居住着十几万苗族人，在明、清时期曾被称为“苗冲”。

苗冲东段的隆或镇、克长乡，杂居汉族较多；西段的革步乡、金钟山乡，杂居壮族较多；中段德峨镇以苗族为主，杂居彝族和仡佬族，那里多为喀斯特地貌，土地贫瘠。

千百年来，苗族人在这片莽莽大山里，悄无声息地繁衍生息，过着一贫如洗的生活。社会仍然是动荡的，捐税仍然是沉重的，底层大众的生命在乱世里本就卑微如蝼蚁，而大山深处更是几乎与世隔绝，根本就没有人去关心这个从远方迁徙而来的群体过着怎样的日子。高山之上、密林之中的苗民世界，对外界来说，就只是不时掀起让官府头痛的“苗乱”的地方。民国五年（1916 年）爆发的那场苗民反对种大烟、抗捐抗税的武装斗争，就整整持续了四年，而西隆（今隆林各族自治县）官府也因此换了三任县知事。

有一天，苗冲来了一个人。

他叫雷殷，民国七年（1918 年）任田南道尹。那时候，苗民的武装斗争正如火如荼，新上任不久的田南道尹雷殷微服私访，经西林县的那劳、八达抵达西隆县，住了三天，再从西隆县往东走扁牙、沙梨、旧州回到百色，前后用了一个多月的时间。

在苗冲的那三个日夜里，不时有苗民鸣枪示警，但道尹轻车简从，生活简朴，态度诚恳，并没有受到苗民的为难。道尹雷殷白天四处走访苗民，看他们种地剥麻织布，晚上跟苗民围着火塘促膝长谈。大山深处苗民生活的原始状态及困苦程度都让这位道尹大人震动，苗民的质朴好客也深深触动了他的心。这里的人单纯又顽强，像石缝里生长的树，也像荒野里的草。一个多月的走访，道尹一路写日记，记录沿途见闻，特别是对西隆苗族的地理分布、居住环境、生产生活、衣饰风俗等，都进行了详细的采录。在苗冲的实地考察，让道尹看清了发生在西隆县持续了几年的“苗乱”最深层的根源——引起动乱的原因自然是多样的，但最根本的原因是各种苛捐杂税给百姓带来的负担太沉重了。某些官员还暗中勾结地方势力，强迫苗民种鸦片——那时候玉米都已经开始抽穗了，苗民看着被恶霸砍倒在地的玉米秆，心里本来就压抑了很久的怒火，怎还能压制得住呢？苗冲的土地本来就少，种了鸦片后粮食更不够吃了。官逼民反，民不得不反呀。

道尹雷殷把自己的观察和思考都写进了日记里。只是对此，他也无能为力。军阀混战，社会动荡，他一个空有一腔热血的道尹能有什么办法呢。从苗冲回来后，道尹也只能把那些日记和一路收集得来的书籍、文件束之高阁。

14 年后，也就是 1932 年，雷殷的儿子雷雨在一次搬家中，偶然在书柜里发现父亲任田南道尹时到苗冲出巡的多册日记、几份西隆西林的志书抄本，还有多种关于“苗乱”和苗民各种情形的书籍文件。他本就对苗族很感兴趣，一直想探究苗族内部的生活情形，得到这些资料，欣喜不已，便笔抄编订成书，存在箧子里，以备日后拿来做参考资料。1933 年 7 月，他把这些资料整理成《广西西隆县苗冲纪闻》一书正式出版，这才让后人窥见了这群默默迁徙而来，又默默在大山深处生活了很多年的苗族人的生活细节。

张公山杨母山

张公从贵州接来姑妈，在张家寨住了下来，时间不觉又过去了很多年。张姓与杨姓，在同一片山崖上，相安无事，生活得风平浪静。也不知道过了多少年，也不知道过了多少辈，杨家的两个女儿和张家的两个儿子，同时长大了。在故事里，自然是姑娘美丽，小伙英俊，并不出意外的，他们两两相爱了。

也不知道是从哪一辈起，也有人说，是从张公接回姑妈的那时候起，张家就与杨家约定，两家永不结亲。然而，爱情这种东西并不是有了约定，就能抑制住不生发的，它就像草木，春天来了，总要抽芽，总要开花。

苗族人离不开山歌。在千百年之前，在先祖们开始走上漫长的迁徙之路之前，山歌就在他们的血液里流淌，记录着他们每一天的日出日落，传递着他们生活中的喜怒哀乐。张家杨家这几个孩子从小就喜欢唱山歌，结伴去山坡放牛羊的时候，打柴火的时候，下地种玉米种红薯的时候，下德峨圩赶圩、赶跳坡节的时候，常约在一起对唱山歌。

歌从童年唱到少年，再唱到青年，歌词越唱越炽热，两两相望的眼睛也越来越炽热。

一切都很突然，也或许，爱情在很多年前就来了，在他们还很小的时候，就潜伏在他们身边，只等着他们长大。他们就像戏文里常用的那两个词——青梅竹马，两小无猜。

长辈之间的约定，年轻人是知道的，因此他们将爱情进行得很隐蔽，只是仍然被旁人看出来了。当一个人心里有了另一个人后，眉眼间是掩饰不住的，那些甜蜜的东西总会在不经意间，从眼神里话语里笑容里流淌出来。他们遭到了双方家长的极力阻挠。

两对年轻人再也不能相见了。张家和杨家都严格规定，这两对年轻人不能越过张杨两家的地界，跨到对方的地盘去——很多年前，张公把姑妈接来时，两家人就分别住在山崖的两头。其实，用山崖两头去描述张家寨是不准确的，甚至用两个山头去描述也是不准确的。因为在大山里，山是数不出数量的。山在山之中，山在山之上，它们是一座山，它们也是无数座山。从远处看，两个山头是一整壁延绵的山崖，而从高空往下看，山便是整座大山，高高低低地遍布着大大小小的山峰。而渺小如我，站在山崖下看到的，便是两座隔空相对的挺拔山头。

人的心是关不住的，思念更是关不住。恋情既已被长辈识破，倒也没有什么可顾忌的了，也无需再掩藏。不能走过山头去见对方，两对年轻人便走到山头临崖处，对着对面唱歌。无需约定，歌声从这头一响起，那头就会有歌声回应。每个清晨，每个傍晚，两个山头的歌声都哀哀怨怨地互诉衷肠。

歌声让长辈们觉得尊严和威望被无视和挑战，他们暴怒了。为了防止两对年轻人偷偷相见，张家在两个姑娘唱歌的山头种了九棵漆树，把姑娘们团团围住，不让她们出来。漆树会咬人，只要人一触碰到，手和脸就会立马生出无数颗小疙瘩，灼热，疼痛，奇痒难忍，不久后，整个脸便会肿起来，严重时甚至全身都肿烂掉，不剩一块好皮肤。

漆树刚一种下，瞬间便抽枝拔节，长出粗壮高大的树干，茂密的枝叶像无数双手，严严实实拦住整个山头，把两个姑娘围困在其中。姑娘们又惊又怕，在漆树林间左冲右突，却怎么都逃不出来——漆树它有法术呀，姑娘们往哪里逃，它们就往哪里伸出枝条层层拦住。

其实漆树也并不是什么人都不能触摸的，有些人触摸会要命，有些人触摸却一点事也没有。这与人的体质有关，就像有人对花粉过敏，有人不过敏一样。关于这个，在民间传说里是这样解释的：漆树在三月间长叶，因此，出生在春夏两季的人是不能碰的，而出生在秋冬两季的人却能随意触摸。两个姑娘中，姐姐是在春天出生，而妹妹在秋天出生，因此在逃离时，姐姐被漆树咬得遍体鳞伤，最终死在漆树林里，只有妹妹逃了出来。深爱着姐姐的小伙子知道后，茶饭不思，不久便郁郁而终，化仙追随心爱之人去了。

上天被人间这坚贞悲惨的爱情打动了，便用法力把姐姐变成了一块大石头，就在她躺下的地方，就在漆树林间，而她心爱的小伙子则化成一座小山峰，耸立在他们曾日夜对唱山歌的地方。石头和山头两两相望，从清晨到黄昏，从白天到黑夜，天长地久。他们终于如愿在一起了，以地老天荒的方式。后来，人们便把石头所在的山叫杨母山，而把对面痴望着的山叫张公山。

长辈们这才惊觉，自己的固执害死了一对年轻人，悲痛愧疚不已，便同意了妹妹和她深爱的小伙子的恋情，有情人终成眷属。长辈们还破除了张家和杨家不能结亲的约定，从此后，张杨两姓的年轻姑娘小伙终于可以大大方方地对歌，大大方方地相恋了。

张家和杨家为什么约定不能结亲？民间故事没有给出理由。张家寨的人也没能给出理由。也许什么理由也不需要，就为这山崖之上有一座小山，小山之上有一块大石头，大石头对面，隔空正对着又一座小山。而山崖之上的这个小寨子，张姓和杨姓之间本就有很多故事——时间流经了几百年，总会有故事发生的。这么多故事里，必定是有爱情的，必定是有悲喜的，必定是有压迫与反抗的，必定也是有懊恼和悔恨的，因此，便有了这个关于爱情的民间故事。

我在杨母山上看到了那块石头，在山顶上有些突兀地凭空冒出来，颜色似乎比周围的石头浅一些。山顶上其实是平的，面积不大，横走几步，竖走几步，就能走遍那方小天地。有人在大石头上建起一个小亭子，木头柱子密密匝匝地立在石头四周，让人看着很是窒息。也或许是因为知道了石头的故事，联想到故事中那些密密匝匝的漆树，那个美丽的苗族姑娘在漆树林里突围无果，无助绝望的样子。

这山头果真有漆树，被人拦腰砍了，也难说是被风雨折断，只剩下光秃秃的半截树干，徒劳地围在山顶四围。有三棵从石头缝里长出来，纤细的枝干在山风中颤颤巍巍，一点也不像会咬人的样子。也不知道它们是故事中的漆树，抑或是那些漆树的后代，几百年过去了，它们要么是古老的，要么是年轻的，只是它们再也不会有法力了，再也不能伸出枝条层层拦住姑娘，朝着她们张牙舞爪。我数了数那些半截漆树，是六棵，加上还活着的三棵，正是九棵。

临崖站着，看向对面，我却不知道哪座山头才是张公山。小山峰太多了，远远近近的，隐在树木中，云遮雾罩的，每一座都长得差不多。同行的敖德金指向前方，向我描述张公山的样子，我仍辨不出它来。

张公山顶上也是一块平地，比杨母山略大，横走十几步，竖走十几步，便能走完那块小天地。如今那里已铺上水泥，建成了对歌台。政府从山脚沿着山势修起了石阶路，曲曲折折地通到山顶的对歌台。石阶路两旁的水泥护栏，涂着树皮一样的黄褐色油漆，试图把它伪装得与四周树木浑然一体。我们沿着石阶路走上去，右看是张家寨黛色的屋顶、黛色的岩石和山道，左看是悬崖，悬崖之下是公路，白亮亮的，从山那头盘过来，又从山这头盘出去，消失在山的背后，很久很久之后，才又从山的背后伸出来，盘向另一座山后。往来车辆从路上驶过，在我眼底，在山的拐弯处，时而出现，时而消失。

站在张公山顶看向对面，倒是能清晰看到杨母山，因为有那个黄顶小亭子作为标志。我想象那两对年轻人站在山头对歌的样子，他们必是看不清对方的眉眼的，倒是那些灼热忧伤痛苦的歌，寨子里的长辈们必是句句听进了耳里。他们也曾年轻，眼睛里也曾有过一个姑娘或小伙的身影，只是岁月太漫长了，每天的柴米油盐就足够把这些都磨淡了，磨冷了，磨没了。

张家寨的爱情，如今已蔓延到全国各地去了，年轻人的脚步走到哪儿，爱情就会在哪儿生发。像飞鸟和种子，飞鸟飞落的地方，总会生长出花草树木来。长辈们见得多了，便也不管了。想管也管不了呀，路将寨子里的姑娘小伙带去远方，又将远方的姑娘小伙带进寨子里来，张家寨便有了远方的儿媳和远方的女婿。最远的新娘来自甘肃，我没去打听她与张家寨小伙子的爱情是在何处生发的，想来年轻人的眼波涟漪，无论在什么年代什么地方都是一样的。

我没能见到那个远道而来的姑娘，我想象她的样子，眼前却总是我在张家寨刚刚见过的那些女子的模样。她们穿着偏苗传统服饰，大襟短上衣，松松地系着带子，长过小腿的黑色半筒半褶蜡染长裙，每走一步，就摇曳生姿。也许我只是太痴迷了，这一天里，我的眼里就只有这一身偏苗服饰了，以至于我想到的任何一位女子，她身上穿着的都是它。

“现在已经不一样了呀。”一位快 100 岁的老人说，“现在每天总有车子停在坡坎下，那个小广场呀，你来的时候就看见了，就在寨门前，那里立有一根高高的木杆。寨子里的人把车子停在那里，外面的人也把车子停在那里，我每天都听得到车声。”

我看向门外，崖太高，车的响声是传不到这里来的。老人对着我们絮絮叨叨，她的记忆在时空里穿梭，她说的故事，现在的，过去的，叠垒交错在一起，像山崖上这飘忽不定的云雾，让人恍若梦中。我时常会忘记周围的一切，跟着老人的话，走到很远很远的过去，又被她瞬间带回来，走回很近很近的现在。也许对她来说，我们这些山外游客是她的幻觉，而她讲的那些过去的事却是我们的幻觉。我们隔着时空，隔着张家寨，看向彼此。

寨子里真的不一样了。年轻人跟着路去到远方，有些人去了又回来了，有些人去了就在远方扎下根开出花结出果来。无论回来或不回来，张家寨总是他们守望的方向。

就像很多年前，他们的先祖们朝着日落的方向行走，内心里却一直思念日出的地方一样。只是很多年前，先祖们是为了生存而去远方，而今他们是为了生活而去远方。生存和生活是不一样的。生存是为了温饱，而生活里却有梦想。关于这些，以后我还会慢慢说到的。

其实，能带着张家寨的年轻人抵达远方的，是学校。老一辈的张家寨人，没人进过学堂，他们的双脚能让他们翻过一座又一座大山，蹚过一条又一条大河，能让他们从日出的方向，走到日落的方向。他们无需识字，山林就是他们的世界，无论跟着父母迁徙到哪里，总会在某一片山林停留下来，在一片山林长大，或在无数片山林长大。

只是现在不一样了。就连最老的老人也知道，现在不识字，就跟没有眼睛一样，就跟没有脚杆一样，走不远的。现在比走山林容易，却也比走山林更难——我想说的远方，是一个更宽广辽远的地方，它是具体的，它又是抽象的。

张家寨如今有八个大学生。寨子里如今有在学校里教书的老师。这些，都是我特地问来的。

德峨圩

▼你一定听过那歌曲，那是大多数人听后都会嘴角上扬，不由自主跟着旋律哼唱的自由快乐的歌曲。日落西山啊哩哩，散了圩（啰）啊哩哩，欢欢喜喜啊哩哩，回家去（啰）啊哩哩。

赶圩归来啊哩哩

隆林的圩场很多，有 34 个。很奇怪的，那些圩场大多以十二生肖命名，狗场、猴场、猪场、羊场、牛场、蛇场……每个圩场都是六天赶一次，人们从十里八村来，想赶哪里的圩就掐着指头算哪一个圩的日子。大大小小的几十个圩场，轮转循环，若是一场不落地一路赶下去，便每天都能到不同的地方赶不同的圩。

这些圩场也是迁徙来的。圩场原来在贵州、云南等地，生活在那里的苗族人彝族人赶了千百年，习惯了，迁徙到隆林后便也按照那边六天一圩的顺序开辟新的圩场——圩场的地盘是迁不来的，圩场的名字和习惯却能一起迁徙过来。正如人身上穿的衣饰、长在舌头上的母语、生活里的习俗禁忌，都会跟着人一起迁徙而来一样。

衣饰是古老的，母语是古老的，习俗禁忌是古老的，圩场也一样是古老的。很久很久以前，时间已经久远到就连最老的老人也记不起来了，那时候的人大多生活在深山老林中，十里八里的，才看得到三两户人家。也不知道是谁提议的，大家相互邀约着，隔三岔五地，择日聚到某一处，以物易物——把自己富余的东西拿给别人，换回别人富余而自己短缺的东西，物物交换，弥补彼此之短，既满足了自己的需要，也满足了别人的需要。后来，那些地方就成了圩场。

如果没有标记，所有的日子便都是一样的，每天早上太阳升起，每天晚上太阳落下。春天开花秋天结果，夏天炎热冬天寒冷，能让人感知到一季不同一季，而如果用日子来计算，便是这一天和那一天并没有什么不同的了。为了记住赶圩的日子，人们对应十二生肖日标记场期，“午”日赶圩，便称赶“马”场，“亥”日赶圩，便称赶“猪”场。久而久之，与生肖日对应的赶圩地点，就被称为马场、猪场。

德峨圩是猴场。那里原来只是一个有着十来户人家的小村子，据志书记载，那个村子出现的时间，是明崇祯三年（1630 年）。几百年的时间里，这个小村子经历了很多风雨，历史上曾被设为办事处、区、公社、乡，2013 年 10 月，撤乡设镇，由德峨乡改为德峨镇并沿用至今。现在，它是一个总面积为 316.5 平方千米，辖 15 个行政村、291 个村民小组的镇，居住着苗、彝、仡佬、壮、汉五个民族，少数民族人口占全镇总人口的 96.50%。

猴场的称呼如今已经很少有人叫了，除了上了年纪的人还会不时用到这个名字，年轻一辈的，便只叫德峨圩了。

圩场的热闹倒是一样的，过去和现在，赶德峨圩的人总是熙熙攘攘。街两旁的商铺，一大早就打开大门迎客，从远方来的小商小贩也早早在大街上搭台摆摊，将各种稀罕之物摆个琳琅满目。

隆林各族自治县位于滇、黔、桂三省（区）交界地带，从地图上看，这个位置是广西最偏远的地方，来到隆林，似乎只需往前跨一步，便是贵州，便是云南。这让隆林多了一种神秘魅力，那是关于少数民族的全部想象——绚丽的服饰、独特的风俗、神奇的传说、古朴的建筑……而这些对隆林来说，正是当地老百姓的生活日常。

这些神秘和想象，在德峨圩就能随处看到。圩日里的德峨，四面八方的人带来四面八方的物产，囊括了滇、黔、桂的地域特色。这也让德峨圩像一座宝藏，时常出其不意地，就在街面上出现一些能让外地人好奇和惊喜的画面和物产。

奇珍异草摆满一地　蔡良／供图

住在山里的人似乎总是不紧不慢的，早上起来，将早饭吃好了，猪喂好了，牛喂好了，才慢慢往圩场走，奇怪的是，往往去到圩场时，天却还很早。远路的，现在有车搭乘了，近路的，仍喜欢用双脚走。山里人也要到圩场摆摊做生意的。东西不多，家里养的一两只鸡，自己编的一两只背篓，刚刚蜡染而成的几匹土布，甚至是从山上挖到的几蔸药材、砍来的几根竹子，都要趁着圩日拿到圩场卖。摊位是随意的，不需要特别搭台，就在圩场路旁人流过往的地方，把猪、鸡、鸭等从背篓里拿出来，把药材、竹子等物从肩上放下来，一一摆到地上。女人们将背篓倒扣到地上，一屁股坐上去，拿出还没绣完的鞋垫或背带花接着绣，就算是开摊了。男人们则蹲在地上，或坐在扁担上，取出烟杆慢条斯理地抽，便也算是开摊了。也不用吆喝，就这么闲闲地跟旁人聊些家长里短，闲闲地看着来来往往的行人。需要它的人，总会自己穿过满圩场寻到这里来的——圩场上各类物品摆卖的位置大抵是固定的，赶圩的人都知道什么样的物品在什么地方才能找得到。

我是坐小中巴从隆林县城过来的，一个多小时的车程，车子走得慢腾腾，沿途不时有人上车，或扛着东西，或背着东西，或抱着东西，车厢很快堆满了各种货物。车窗外，不时有摩托车从山道上驰过，后座上大多搭乘着一个身穿民族服饰的女子，捆绑在摩托车后的鸡鸭将头伸出笼子外，似乎在朝着天叫。

骑着摩托车的赶圩人　何伟 / 摄

背着背篓的赶圩人　何伟 / 摄

圩场上卖隆林黑猪崽的苗族妇女　梁汉昌／摄

山道平日里是冷清的，只有圩日这天才会热闹起来。一大早，就有赶圩的人陆续走过。妇人们背着背篓，手里牵着小孩子，装在背篓里的小猪或鸡鸭一路哼哼嘎嘎；男人们扛着长竹竿或挑着箩筐簸箕，长长的竹尾拍打竹尾，垒叠的箩筐摩擦箩筐、簸箕摩擦簸箕，一路吱吱呀呀；姑娘小伙大多空着手，只顾一路逗闹嬉笑，他们还年轻着呢，还不用操心柴米油盐，心里想得更多的是好吃的、好玩的、好看的，当然还有那个上次圩日在圩场里认识的，已经偷偷住进心里来的可人儿。

女人们是将圩场当作一场盛会来赶的，因此那一天总

赶圩的偏苗妇女 何伟/摄

少不了要装扮：衣裙是要穿齐整的，银饰要佩戴上，头帕也要戴上，绣着花串着彩珠的小挂包也要背上。德峨镇苗族人数最多，各个支系里，偏苗的人数又最多，因此，随眼可见的大抵是偏苗。已婚的偏苗妇女，将头发往耳际斜挽成发髻，插上一把木梳，戴上缝接有两条白布带子的几层几叠的黑布头帕。这头帕太特别了，它繁复得令人惊讶，千百年里，偏苗妇女就是顶着这样的头帕，辗转迁徙，种地砍柴，养儿育女。苗族女子的美是浑然天成的，这样的浑然天成要用时光和耐心来造就，为此，我特地详细记录下头帕的细节：用多块宽约 30 厘米、长约 45 厘米的长方形黑布（多用灯芯绒布）叠成3厘米高的布叠，再在每条布块顶角两边缝接两条白布绑带，交叉折叠成1厘米厚的绑带条，将黑布叠块绑成一圈，使布叠形成半圆状扣于头上。这样的头帕很重，可偏苗女子行走起来却轻盈如无物。

未婚姑娘的头帕多了一些明艳，4至9条有吊穗的机织花毛巾折叠平放于头顶，吊穗自然垂于颈后，姑娘走动，

在德峨圩场上采购的苗族妇女
梁颀婧 / 摄

吊穗轻晃，平添了几分妖娆。衣裙倒是一样的，一律的大襟短上衣，各种颜色质地的面料，鲜艳或素雅，长过小腿的黑色半筒半褶蜡染长裙。走在人群中，很容易就能区分女子是已婚还是未婚。

背篓里探出头的鸡　何伟／摄

男人们的着装就很随意了，传统对襟长衫或短衫，或是现代 T 恤衫、衬衫、西服、中山装，他们是不屑于特别装扮的，除了小伙子，男人们大抵已失去了装扮的耐心和兴致。

圩场里是密密匝匝缓慢流动的人群，沿街是各种百货各种小吃，成衣摊集中在一处，苗族的、彝族的、仡佬族的、壮族的、汉族的，各种传统民族服饰一排排、一列列整齐地挂在架子上任人挑选，那么多服饰五彩缤纷地同时绽放，很是炫目。

我独自穿行在圩场里，漫无目的地闲逛，心里并没有特别想要购买的东西。我来德峨圩就是为了感受那份浓郁的圩日气息。不时有妇人背着三五个垒叠起来、码得高高的背篓从我身边挤过，不时有男人扛着装有猪崽或鸡鸭的长竹篓从我身边挤过。我左左右右地躲闪着，又不时回头对着他们远去的背影久久凝望。我从小在乡镇的圩场里长大，这样的场景我太熟悉了。人到中年，走过无数的地方，到过大大小小的城市，可每每看到与童年记忆似曾相识的

上图：圩场上的酒摊　梁汉昌／摄
下图：顾客在圩场上的酒摊前试酒　梁汉昌／摄

上图：圩场上的布料摊　蔡良／供图
下图：在布料摊前选购布料的顾客　蔡良／供图

场景，心里总有莫名的温暖和不舍。我已经很久没有赶圩了。这天晚上，我会在德峨镇住下来，就跟很多年前那个圩日晚上一样。

赶圩的人对什么都好奇，尤其是像我这样曾亲近过圩场又远离圩场的人，只要有众人围观的地方，总要挤进去看一看。一只猪崽要围观，一只大鹅要围观，几匹土布要围观，摆满一地奇珍异草的药材摊要围观，叮叮当当锤打银饰的小作坊更要围观。米酒摊的酒都是自家酿的，装在白色塑料桶里，每个圩日都带到圩场摆卖，不论买与不买，每个人都可以舀来尝尝。我等着前面两个中年汉子尝完，接过他们手中像烟斗一样的竹制小勺，也舀起一小瓢尝了一口，味道很是清甜。摊主笑吟吟地告诉我，这是玉米酒，度数不高，最多只有 20 度。

德峨圩场的糯米粑粑摊　蔡良 / 供图

逛累了，就在小吃摊前流连。包着黑头帕的苗族妇女在一个小巧的铁三角灶上，架起一口小铁锅煎糯米粑粑，我坐到一旁，耐心等着那些雪白的糯米粑粑被她慢慢煎成金黄。锅灶旁众多人的脚杆往往来来，我只盯着锅头看，糯米粑粑在油里嗞嗞轻响，还没入口，就知道它们一定很好吃了。圩日的德峨，是一个民间美食聚集地，壮族人做的五色糯饭、彝族人做的荞粑、仡佬族人做的珍珠圆子、汉族人做的红米粑，还有苗族人的著名特色美食羊瘪汤、羊活血、猪活血、辣椒骨，等等，都能在德峨圩找到。

一旁卖刺绣、蜡染制品的阿奶以为我是远方人，我一开口说桂柳话，她便问："你是隆林的呀？"我说："我是凌云的呢。"她笑了，说："那不远嘛，我去凌云赶过圩的。"我们便都笑。隆林人说的桂柳话其实和凌云人说的桂柳话是一样的，只是因为我是壮族人而阿奶是苗族人，因此我们的声调里各自带着我们母语的韵味。阿奶的声调余音绵长柔软，总在每一个句子的末尾扬起来，像一曲余音袅袅的古歌。隆林和凌云都属百色市管辖，相距并不十分遥远，从地图上看，这两个县都在广西西北之角偏远的地方。

可凌云到底是和隆林不一样的，凌云只有壮、汉、瑶三个世居民族，因此我分不出隆林苗族各个支系的不同之处。热心的阿奶便教我从人的衣饰上辨认，每一个从我们面前走过的苗族人，阿奶都会告诉我，这是偏苗、白苗、红头苗、青苗、花苗，还是素苗。

阿奶是花苗人，特地从猪场过来赶德峨圩的。阿奶赶“转转场”，专卖刺绣、蜡染制品，隆林几十个圩场，哪里销量好，她就赶哪里的圩。

阿奶戴着粗大的银耳环，两边手腕上各叠戴着两只粗大的银手镯，十根手指头，六根戴有银戒指。头发绾成高高的髻，像一牙弯月立在前额顶处，一块折叠的头帕从前额围过来，紧紧裹住这弯月牙儿。阿奶的身上，对襟长袖的上衣在胸前、背后、两袖和袖口都绣有鲜艳的彩色图案，上衣左右两边下摆在腰部交叉缠绕，系上挑绣着彩色图案的腰带。用蓝靛染成浅蓝色的百褶长裙，蜡染出斑斓的花纹图案，前后各系着一整块满是刺绣的围腰，前围腰是长方形，比裙子长，后围腰是正方形，比裙子短，双腿缠着绣有彩色图案的绑腿。除了蜡染的百褶裙是蓝色，阿奶身上所有的刺绣挑花全是鲜艳的红色，这让阿奶像是裹着一整个春天。花苗中有“花”的意思，也许就是因为花苗女子的衣服挑花刺绣多、繁花似锦而得名吧。

我坐在小矮凳上，听着阿奶说那些五颜六色的苗族服饰，我的眼前，仍然是众多人的脚杆往往来来。他们说着话，从我面前走过，将一句半句丢进我耳里，我从不曾听完整一家人的琐事，或一个人的故事，只是他们分明是快乐的，我从他们的声音里听出来了。

赶圩赶的就是一种好心情呀，圩场上总会遇到住在不同山头不同村落的亲朋好友。相见总是令人欢喜的，男人

圩场上五颜六色的苗族服饰摊　蔡良／供图

满载而归的赶圩人
何伟／摄

们互相拉扯着，坐到粉摊前，打一碗米粉就几碗米酒，将话题绵绵密密地扯，信马由缰地扯，直扯到天南地北海阔天空，直扯到日头落下圩场散去。女人们则相互邀约着，一起到成衣摊前挑挑选选，仔细比试，最后各自买些亮闪闪鲜艳艳的珠串或彩线，带回家去缝绣进衣裙里、背带里、围裙里。

一个圩日的熙攘，在下午四五点时才会慢慢散去。散圩时的光景比早上赶圩时来得松弛，微醺的男人心里头快活，脚步轻飘，像踩着一地棉花。守护在他身旁寸步不离的女人，脚步也轻松，她才不会担心男人的醉呢，男人的醉样她从青年看到中年，而且完全可以预知，还会看到老年，早习惯了。她心里惦记的是刚刚从圩场里买来的猪崽鸡崽鸭崽，还有那些布料珠串彩线。

姑娘小伙三五成群，一路欢声笑语。男孩女孩结伴同行，彼此之间却总刻意保持着三五米的距离，只是心思一直都在对方身上，将对方的一举一动一颦一笑全收进眼里。年轻人的笑声脆朗朗的，空气里弥漫着甜蜜自由的青春气息。他们的日子才刚刚开始，还没来得及长出沟沟坎坎，除了心里那个可人儿让他们时而烦恼时而开心，其他的便都是风和日丽了。

老人孩子在一处走，姑娘小伙在一处走，每个年龄段自有每个年龄段的话题。赶圩归来的山道上，人群是比早上齐整的，太阳要落山了，每个人都想着赶在天黑前走到家。人一多，山道便生动欢实起来，男人女人的笑声笑脸充溢山间，男人女人身上的衣饰都很惹眼。

占全镇总人口绝大多数的少数民族里，苗族和彝族的人最多，他们的衣饰又各有不同，那些长的短的衣服裙子，红的黑的白的绿的蓝的斑斓色彩，就这么绚丽耀眼地穿在女子们身上。女子们走到哪儿，众人的目光就被牵引着跟到哪儿。

在很多年里，隆林像是从不张扬自己的魅力，它就这么安静地处于一隅，在广西西北之角，在滇黔桂三省（区）交界处，过着自己的日子。苗、彝、仡佬、壮、汉五个世居民族，有着各自的生活习俗和语言，却又毫不违和地交融在一起，像几棵纠缠到一起的树，千百年的时光，让它们融进彼此的气息里，合为一体，成就了隆林独特又浓郁的民族风情。正是这些朴实无华却又妖娆多姿的风土人情，在山外人心里掀起阵阵涟漪，甚至狂澜。那些过客，特别是那些摄影家、作家、画家、音乐家、舞蹈家，他们来了，被惊艳到了，便将它摄进镜头，写进文章，画入笔下，谱成歌曲，编成舞蹈，继续惊艳更多的人。

40 多年前那个火热的夏天——很多人还记得那个时间，1979 年 7 月，著名词作家古笛、曲作家黄有异来到德峨镇采风，正是圩日。他们看到满大街的人身着各种艳丽的民族服饰，有苗族姑娘、彝族姑娘、仡佬族姑娘、壮族姑娘、汉族姑娘，她们在小摊前挑选自己喜欢的布料和小饰品。姑娘们的笑声笑脸打动了艺术家们，姑娘们绚丽的着装也打动了艺术家们——多么明亮的笑容啊，多么美丽的姑娘啊！古笛与同行的艺术家们不由得被感染，便以此景为主题，创作了流传至今的、富有浓郁广西特色的歌曲《赶圩归来啊哩哩》。

你一定听过那歌曲，那是大多数人听后都会嘴角上扬、不由自主跟着旋律哼唱的自由快乐的歌曲。

日落西山啊哩哩，
散了圩（啰）啊哩哩，
欢欢喜喜啊哩哩，
回家去（啰）啊哩哩。
啊哩哩，啊哩哩，
赶圩归来啊哩哩，
啊哩哩，啊哩哩，
赶圩归来啊哩哩。
……

跳坡节

“那是很久很久以前的事了。”一位快100岁的老人说，她的眼睛半眯着，望向山那头。每当她说到远古的事时，眼睛总半眯着，看向山那头，仿佛那些逝去的往事，都封存在山那头了。而在德峨镇，在老人们的叙述里，远古的时间总是以“很久很久以前”开头的。

很久很久以前，那时候苗族人还生活在太阳升起的地方，有一年敌人来犯，争抢地盘和财富，战争就此开始。有一次苗族部队被打散了，大首领蚩尤派人在山堡上竖起一根高高的木杆，在顶端挂上一面鲜艳的旗帜。他让一群青年男女围着旗杆和山堡打鼓、吹芦笙、唱歌、跳舞，让苗族的歌声鼓声跟着风飞扬，远远传播开去。被打散的士兵听到自己民族的歌声鼓点，从深山密林里走出来，看到高高的木杆上，旗帜猎猎，在一片绿林里很是醒目。他们一眼就认出来了，那是苗族部队的战旗，便纷纷往山堡上奔去，而附近村寨的苗族群众听到熟悉的歌声鼓点，也不断往山堡涌来。

那时候正值春节，只是村村寨寨景象萧条，战火经过的地方，到处是残垣断壁，十寨九空，村民们都逃往深山里躲避去了。战争让人们流离失所，失去了生活的秩序和安宁。大首领蚩尤等到旗杆下山堡上站满了黑压压的人群，便在战旗下召开会议，选拔将领和勇士，重振旗鼓，投入到反击敌人的战斗中。有了群众的支持，部队士气高涨，一连打退了敌人的多次进攻。战争进行了很长时间，蚩尤的部队时胜时败，最终还是以失败告终。

流落各地的苗族人，非常怀念这位民族大英雄蚩尤，无论迁徙到哪里，过年的时候都在附近的山坡上竖起一根高高的旗杆，青年男女围着旗杆吹芦笙、唱歌、跳舞，还原蚩尤召集被打散的士兵的场景。德高望重的寨老站在旗杆下，向年轻后辈讲述大首领大英雄蚩尤的故事，聚族商议决定族人命运的大事。为了褒奖勇士，爬坡杆比赛夺冠者，还能在众多来参加活动的年轻女子中，挑选心仪的姑娘为妻。就这样年复一年，不觉几千年就过去了，后来，纪念蚩尤的活动就成了现在的“跳坡节”。

关于跳坡节的由来，在民间还有几个不同的版本。这个节日是苗族的传统节日，在苗族西部方言区，无论国内国外的苗族都过此节，不同的是时间和内容、叫法略有差异。桂西北叫“跳坡节”，滇东南叫“踩花山”或“花山节”，黔西北和黔西南叫“赶花场”或“赶花节”等。

跳坡场上那根高高竖起来的木杆和木杆顶上挂着的红

布，就是当年的旗杆和战旗，木杆上挂着的那壶酒和那一块腊肉就是当年战士们出征时带的水和粮食，而爬坡杆比赛就是当年蚩尤在选拔将领和勇士，姑娘小伙围着坡杆吹芦笙、跳舞、唱歌就是当年蚩尤在召唤他的士兵和族人呀。

老人把目光从山那头收回来，灼灼看向我，说："大年初九那天，你再到德峨来吧，你来看看苗族的跳坡节是什么样子。那天会有很多很多人来，以前参加活动的都是苗族人，现在那些彝族人、仡佬族人、壮族人、汉族人也从周边村寨赶来了，就连远地方的人也翻山越岭地来，坡场山堡上全是人。"

在这位年近百岁的老人眼里，我也是远路人，她只是不知道，我在 2008 年时，就看到过跳坡节的样子。

其实跳坡节从正月初二就开始了，一直到正月十四，整整十三天里，每天都有坡场跳坡。苗族人居住的村村寨寨都有坡场，只不过村寨小坡场就小，村寨大坡场就大。隆林各族自治县几十个坡场，轮番跳坡，一天一个坡场，有时一天有几个坡场同时跳坡。还在远古的时候，苗族村寨的寨老们，就各自选定某座山脚下的坝子为跳坡节的场地，并约定时间，轮流跳坡，从正月初二一直跳到正月十四，这个古老的习俗一直延续到现在。那些太小的坡场，在 20 世纪 80 年代交通越来越便利之后，就渐渐汇集到比较大的坡场去了，现在较为集中的坡场分布在德峨、克长、猪场、蛇场等苗族人口较多的乡镇。其中德峨镇的跳坡场最多、最隆重，十三个坡场几乎覆盖了全镇所有村庄。十三天的跳坡日子里，人们按照约定俗成的坡场顺序，逐个跳坡。正月初九那天，大家从各个小坡场汇集到德峨，形成一个有五六万人的大坡场。

从正月初二那天清晨开始，四邻八村来跳坡的人，背着干粮，背着衣裙，带着芦笙、笛子、月琴等乐器，爬山翻岭地赶来。在公路还没开通之前，路途远的，要走几天几夜，年轻人一路跳坡，一路往德峨最大的坡场来，天黑了就住到沿途村民家里，不管认不认识，主人家都是高兴的，杀鸡宰鸭、煮酒做饭，热情款待来客。

初八那天，主办德峨坡场的坡父早早就来巡游喊坡了，他高声唱着喊坡词：

太阳出来照山坡
锦鸡报晓已出窝
今天是个好日子
我来主办初九坡
阿叔阿婶
阿妹阿哥
快快来啰
快快来跳初九坡
……

坡脚芦笙舞　班瑞权／摄

大山中的苗族服饰展　卢素理／摄

走向坡场的苗族少女　梁汉昌／摄

欢乐的气氛在初二那天就从第一个坡场传递过来了，随着一个接一个的坡场结束又开始，欢乐而紧张的气氛在德峨越来越浓郁。每个人都在为初九的跳坡节准备着——姑娘们的漂亮衣裙要从箱子里翻出来了，小伙子们的芦笙和月琴等乐器要拿出来擦得铿亮，老人们要给尚年幼却也闹着要去跳坡场的孙子孙女备好穿戴和零食……初九一大早，男女老少穿着节日盛装，纷纷往坡场赶。小伙子们手里拿着笛子、芦笙，身后背着月琴，姑娘们穿着绚丽缤纷的民族服饰，一路逗闹，一路欢笑。

远路的人，头一天就赶来了，白天还没走到的，晚上便接着走。德峨在高高的山上，来参加跳坡节的人们打着火把，从山脚一路蜿蜒走上来。夜空下，火光摇曳，衣裙窸窣，大家欢声笑语，像去赶天上的街市。

我在《隆林各族自治县志》里看到，“跳坡节”在隆林出现是600多年前。这个时间已经足够久远了，在寨子里最年长的老人记忆里，它甚至比几千年还长。2008年，德峨苗族跳坡节入选第一批自治区级非物质文化遗产代表性项目名录。

在敖德金那里，很久很久以前的时间，是从六岁这年算起的，因为这一年，他的记忆像春天里勃发的嫩芽长出来了，而记忆的起始，便是这一年一度的跳坡节。跳坡节开坡前夜，母亲在三更时分便起床了，在伙房里忙着蒸糯米饭，煮腊肉，至天刚亮，就换上盛装，背着糯米饭和腊肉去赶坡。几个孩子缠着她也想跟着去，母亲笑着抚摸他们的头，说：“乖乖在家等哦，等阿妈去跳坡买糖回来给你们吃。”为了那几颗糖，敖德金和哥姐们从下午起，便一直等在路口。

每次跳坡回来，母亲总是很开心，跟家里人描述在坡场上见到娘家亲戚的情景。敖德金嘴里含着糖，望着母亲笑盈盈的脸，能感受到母亲的心也跟糖一样甜。他喜欢看到母亲笑，母亲只有笑起来的时候，他才能确定母亲是天底下最好看最幸福的人。外婆家离得远，走小路要翻山越岭，渡过一条波浪滚滚的江后，还要爬上一座山的山顶才能去得到。母亲嫁到德峨来后，除了娘家那边有红白喜事专程走亲外，平时很少走动，正月初九德峨跳坡节就成了母亲与娘家人团聚叙旧的日子。外婆家也是在山里，日子同样过得缺衣少食，亲戚们吃到母亲带到坡场去的糯米饭和腊肉后，都夸母亲嫁得好，他们不知道，为了让娘家人能吃上糯米饭和腊肉，母亲省吃俭用，攒了一年才攒下来这么一点。

哥姐们陆续到了跳坡的年龄后，为了让他们体面地出现在跳坡场上，母亲白天干农活，晚上纺线、织布、画蜡，为他们赶制盛装。那时候，敖德金每天都盼着自己快点长大，好穿上母亲缝制的新衣去跳坡。只是父亲不允许，他要让敖德金专心做一个读书人，将来考出去，做公家人，可敖德金仍然学会了跳芦笙舞、弹唱月琴、爬坡杆等各种

敖德金弹唱月琴　陈晓玲／摄

敖德金在吹芦笙　杨登良／摄

苗族传统技艺。很多年后，当他成为自治区级非遗项目德峨苗族跳坡节代表性传承人，他也不知道，他对跳坡节的迷恋，是因为童年时代曾翘首企盼的糖，还是每年跳坡节母亲见到娘家人后脸上洋溢的笑容，又或许那是苗族先祖在千百年前就给他播下的跳坡种子，只等他六岁那年从他身上长出来。其实苗族先祖给每一个苗族人都播下了这样的种子，只是有些种子长得繁茂，有些种子长得稀疏，而敖德金身上正是茁壮的那一株。

我想，我应该在很多年前就见过敖德金了，或许是在2008年正月初九的跳坡节上。那年正月初八，我和几个摄影家一大早就从凌云县开车赶过去。摄影家是一群耳目灵敏腿脚麻利的人，哪里有好风景，他们总会比寻常人更早知道。那晚，我们住在德峨街一家小旅馆里，人真多啊，整个德峨的旅馆都住满了人，我们寻访了很久，才寻到这家小旅馆。在桂西北，正月的天气仍寒冷，而德峨比其他地方更甚，晚上冷得无法入睡，人们便围着柴火旺旺的火堆聊天。天南地北的人，操着天南地北的腔调，围着同一个火堆，赶着同一个跳坡场，说着有关德峨的话题，大家很快熟络起来。后来，我看新闻才知道，2008年正月初九，参加德峨跳坡节的人数高达6万人，除了广西人，还有来自云南、贵州、湖南、湖北、四川、广东等省及海外的苗族同胞。当然，那并不是德峨跳坡节人数最多的一次，2024年正月初九，前来参加德峨跳坡节的人数更是高达

10 万人。

2008 年的德峨跳坡节，我眼里看到的只有热闹，那时候还太年轻，心还太浅。一直到 2024 年正月初九，我才看进比热闹更深的时光里。是的，是因为那部苗族古歌，是因为敖德金，也是因为我在德峨见到的每一个人。

敖德金告诉我，在正月初九到来之前，坡父就带人到山里挑选适合做坡杆的杉木——树龄要满 12 年，代表每年 12 个月轮回；树高要超 24 尺，代表每年 24 个节气。这些特别的数字寓意着在祖宗保佑下德峨年年五谷丰登，四季平安吉祥。

正月初九那天，涂染着黄红绿三色的坡杆在坡场中心立起来了，从杆底往上看，明艳挺拔，直插云霄。敖德金身着盛装，表情凝重，庄严地站在坡杆下，他现在是坡父——这个 17 岁起就四处拜访民间艺人苦学各种技艺，几次在跳坡节爬坡杆比赛中夺冠的人，2000 年起，便被推选为德峨苗族跳坡节原生态文化展示负责人。

敖德金高声吟毕祭坡词，闹坡便开始了。

闹坡的重头戏是爬坡杆比赛，这是苗族小伙子胆量和才艺的展现，他们在万众瞩目中轮番上阵，弓着身子，手脚并用，猴子一样迅速往上攀爬。到了坡杆顶端，取下酒壶和腊肉，提在手里，骄傲地张开双臂，向众人示意，然后翻身倒头迅速滑落，形似雄鹰展翅从空中俯冲而下，待离地面一米多高时才抱住坡杆，跃身立地站稳。一整套动

跳坡节的爬坡杆比赛　林斌／摄

坡场上跳芦笙舞的苗族艺人　卢素理／摄

作行云流水，轻盈而敏捷，看得人心惊胆战，这就是爬坡杆中的“金钩倒挂落”绝技。外地人连连失声惊呼，本地人则只微微一笑，他们见得多了，自然不会惊讶。爬坡杆本是苗族男子自小就会的本事，一些技艺高超的人，还能绕着坡杆螺旋式往上攀爬，到达杆顶后，双脚勾住坡杆倒头，又螺旋式下滑……现在年轻人不需要再像老辈人那样，整天钻山林找食，很少有人愿意耗费时间和精力去专门训练这些技能，但是在以前，苗族人为了生活得天天钻山林，整天与虎豹等猛兽打交道，因此爬树爬杆是一个人在山野里生存下去的基本技能。

坡场上早就欢呼声四起，姑娘们的眼睛闪闪发亮。坡杆上那个身怀绝技的小伙子是全场的勇士，俘获了众多姑娘的心，只是不知道勇士的眼睛会落到哪一个姑娘身上，会抢走哪一个姑娘的头巾——在跳坡节上，小伙子出其不意地抢走姑娘头上的头巾往坡场外跑，说明他心悦于她，而姑娘佯装生气，追赶小伙子要夺回自己的头巾，也说明她心悦于他。他们会在坡场外的某一处坐下来弹月琴、对山歌，相约着一起去赶下一个坡场，或是约定来日在某一个圩场见面。两个人就这么约来约去，爱情就在他们的心里生发了。跳坡节欢腾浓烈的喜庆氛围最适宜爱情生长，它能让两个互生爱慕的人，情更深意更浓。

芦笙舞也是跳坡节的亮点。和爬坡杆一样，在隆林各族自治县境内，凡是有苗族人居住的地方，都有吹跳芦笙的能手。芦笙就是苗家人的喜怒哀乐，高兴或忧伤，都可以用芦笙来表达。悲伤时的芦笙调，乐曲节奏和舞蹈动作都凝重迟缓；而欢乐时的芦笙调，乐曲节奏和舞蹈动作都

跳坡节 · 迎宾的男子芦笙手和女子美酒队　班瑞权／摄

明快活泼。

欢乐的坡场上，小伙子们围着坡杆吹响芦笙，姑娘们跟随着乐曲起舞。他们载歌载舞，一对接着一对，连成一片，满坡场裙裾飞扬，环珮叮当。芦笙舞者双手持芦笙，双腿跟随着节奏不时蹲、闪、转、腾、挪、跳、拐、踢，动作刚劲、雄健。老人说："芦笙舞里也有苗族人的历史，当年那场残酷的战争之后，苗族人被迫离开家园，踏上了漫长的迁徙之路。其间，过大河，爬高山，钻深林，与豺狼虎豹搏斗，与猴子野猪老鹰抢食。很多人过大河时被湍急的水冲走了，很多人在深山密林中被毒蛇猛兽吃掉了，苗族人携家带口，负重在泥泞的路上行进，倒骑在牛背上恋恋不舍地遥望家乡……"那一路的艰难险阻啊，几天几夜也说不完。先人们把这些苦难都编进芦笙舞里，让苗族人一代代跳着芦笙舞，让子孙后辈永远不忘记那段历史，不忘记那片在日出方向的故土。

坡父在坡杆下，将盛满酒的碗按一米一个碗的间距，围绕坡杆摆成圆圈状。芦笙舞里考验舞者技艺和胆量的"滚地龙"开始了。

一个小伙子捧着芦笙走了上来，他反转身子，以头和脚着地，腰部和腹部悬空于酒碗之上，头在圈内，脚在圈外，身体呈弓形旋转扭动，两手持芦笙，边吹奏边从酒碗上翻越而过，整个过程笙不离口、曲音不断，且丝毫不触碰到身下的酒碗。他连续旋翻，从第一碗酒，翻到最后一碗酒，回到原地，仍意犹未尽。坡场上的喝彩声，又震动了整个山谷。

“滚地龙”的舞蹈动作也来自远古。传说苗族先祖在迁徙途中遇到一大片荆棘，逃难队伍中的老弱妇孺无法通行，勇敢的苗族青年们便用自己的身躯，从荆棘林中滚出一条路来，让乡亲们通过。先人们便模仿身躯滚倒荆棘的动作，编成芦笙舞，以纪念那段披荆斩棘、勇往直前的迁徙史。

隆林苗族爬坡杆、芦笙舞里都蕴藏有苗族历史文化，它们也已先后入选自治区级非物质文化遗产代表性项目名录。其实跳坡节上的每一个环节，哪一个没蕴藏有苗族历史文化呢，喊坡、赶坡、闹坡、谢坡、跳月亮，整个跳坡节就是一部跃动着的苗族史诗。

坡场四周，以及小山堡上，站满了看热闹的人群，他们摩肩接踵，如同一堵人墙。当坡场中央载歌载舞进行到最热烈的时候，场外围观的人群也自然而然地跟着手舞足蹈，全场鼓掌声、喝彩声此起彼伏。

老人说：“以前车路不通，苗族人住得偏僻又分散，年轻人只有去赶圩和跳坡，才会认识更多的年轻人。德峨跳坡场人最多，很多年轻人就是在那里找到姻缘的。”互不相识的两个人在同一个坡场跳坡，便很容易快速熟悉起来。互相有好感的，女方会拿自己的花腰带去跟男方的头帕比长短——要是女方的花腰带和男方的头帕长短一致，说明那是上天赐给他们难得的缘分，应该在一起白头到老，就要拿着腰带和头帕，一起到坡场上找一位年纪大、威信高、品德好的苗族老人作为见证人。之后，姑娘和小伙便交换腰带和头帕，作为信物，双双去拜见家中父母，双方父母一般都会认可两个年轻人的姻缘。

当然并不是每个年轻人都能通过比腰带得到良缘。在坡场上相识，大多也是匆匆，刚刚有些好感，就要分别。小伙子要是心里一直惦记着那姑娘，便在跳坡节之后的农闲季节里，走村串寨去寻访她。小伙子会邀约上几个好友，背上芦笙、月琴，翻山越岭去“跳月亮”。傍晚时分，到达姑娘的村寨后，小伙子摘下树叶，含在嘴上吹《邀妹歌》：

叶哩哩、叶噜噜
坡场相会的情妹今晚在何处
阿哥好久不见妹
想妹想到心孤独
今晚来到妹寨边
心中的思念对妹诉
阿妹有意来会我
靓影伴月把门出
叶哩哩，叶噜噜
……

听到乐声，姑娘便知道是坡场上认识的小伙子寻来了，心不由得摇荡起来，悄悄邀约上几个好友，等到寨子里的老人熄灯入睡，才走出寨门去相见。寨门外，明月皎洁，小伙子们踩着如水的月光吹芦笙，弹月琴，吹木叶，姑娘们迎上去，踩着曲调跳起舞来。三更相会，五更分别，恋爱中的人总嫌时光太短。姑娘回家取来水桶，装着要去村外打水，送了小伙子一程又一程，直至太阳从山后升起。

"姻缘是老天爷定的，谁也拿它没办法。"老人说，"跳坡场上那么多人，偏偏他就喜欢她了，而她也偏偏喜欢他，缘分的事谁能说得准呢？也不需要多说话的，两个人就那么对望几眼，就知道对方的心意了。"

老人的眼睛又半眯起来，她在笑，眼神里有年轻时候的光景，满脸的皱纹荡漾开去，竟是少女娇羞的神态。我想象很多年前她在月光下跳舞的样子，那时候她也许是十八岁，也许是二十岁，明眸皓齿，满眼星光，里面只装着一个人。年轻的时候，男孩女孩遇到爱情，眼睛里往往只装得下一个人，等到年老后，人的眼睛就会装有很多很多人，一些新生的人，一些逝去的人，一些得意的人，一些不得意的人，一些病痛的人，还有太多杂七杂八的事。人老了，心就变得粗糙宽广了，眼睛里就会装有比爱情更多更重的东西。

现在年轻人不用赶圩和跳坡也能找到姻缘了，他们从小就进学堂读书，天地可比老辈人宽多了。快 100 岁的老人仍在笑，眼神又回到如今的光景，说："不管哪个年代，姻缘都是老天爷定的，谁也拿它没办法，只不过，现在老天爷把远地方的姑娘也牵到德峨来了。”

听着老人的话，我有些恍惚。我的耳边是德峨的过往，我的眼前是德峨的现在。每年的跳坡节上，从外地来的车辆，排成长龙，把进入德峨的公路堵得水泄不通，当地政府不得不提前疏导，为那些车找一处停放之地。坡场四周，随时能看到交警维持交通秩序的身影。社会的繁荣稳定，让苗族人停止了迁徙的脚步，也让德峨苗族跳坡节演变成现如今这个集传统文化展示、商品交易、民族风情旅游于一体的节庆盛会。

这位活了将近 100 岁的老人，像一个能打通时空隧道的人，带着我在德峨的前世和今生中穿梭。而同样在时空隧道里带领我的人，还有敖德金。从他成为跳坡节的主持人，成为自治区级非遗项目德峨苗族跳坡节的代表性传承人起，几十年的时间里，他带出十几名会祭坡词、祭坡歌、跳坡敬酒歌的徒弟，其中两名弟子已被列为第十九代跳坡节传承候选人。敖德金是骄傲的，却也是忧虑的，随着时代变迁，会跳坡节传统技艺的人越来越少了，而这些优秀的传统文化应该传承下去，这些是老祖宗留给后人的文化遗产，凝结着前人的智慧与情感，它们是苗族人共同的精神家园

苗女杨刚奶

她的故事要从 1929 年说起。那一年 12 月，邓小平、张云逸、韦拔群等人发动和领导了百色起义。革命风暴像飓风，席卷了左右江地区，也刮进了重重大山里的苗冲。一些胆子大的人悄悄翻山越岭，跑到百色城参加革命去了，然而更多的人还在观望着、议论着、猜测着，深山垌场里的人甚至对此一无所知。苗冲太偏僻了，离百色城太远了，盘踞在县城里的仍然是原来那拨人，杂派仍然是那么多，税仍然是那么重，老百姓仍然是那么苦。日子仍然是原来的日子，百色城发生的一切，对大多居住在深山里的穷苦人来说，更像是一个遥远的传说。

当时滇、黔、桂三省边界，时常有云南、贵州、广东等地的生意人来往，中共地下工作者也时常乔装成生意人，进入苗冲秘密活动。在西隆通往西林的路上，两县交界的村庄大多是苗寨，其中有个苗族大寨子叫烂木干（今隆林各族自治县猪场乡烂木干村），居住着几十户苗民，中共地下工作者走村串寨秘密宣传革命道理、发动群众时，经常在那里落脚。当地老百姓给那些中共地下工作者取了个苗名，叫“徕兵”，在苗语里“徕”是红色的意思，“徕兵”就是红军。

杨刚奶就出生在这个大寨子里，她已经嫁到德峨区龙洞大寨去了，逢年过节或红白喜事常回到娘家走亲。她知道徕兵常来村里，也常听人说起徕兵的事，知道他们的心向着穷人。

那一年，杨刚奶三十九岁。她长得高大壮实，手也巧，会纺麻织布刺绣蜡染，懂草药会看病，还会占卦。周边群众有什么头痛脑热的，都来找她看病抓药，家里的鸡猪牛马丢失的，也会来找她帮忙占卦访寻下落——那些家禽家畜，被人盗走的，自己跑丢的，被鹰擒走、被野猫老虎熊豹叼走的，能找回来的寥寥无几，养的人舍不得心不甘，来占个卦，求个盼头有个安慰。杨刚奶总是很热心，她的豪爽实诚，深得大家信赖，平时有事没事的，都喜欢来找她商量事情讨主意。

有一天，德峨区来了两个生意人，据说是从云南来的。他们跟别的生意人不同，总爱跟村民聊些家长里短，帮着村民一起做事，谁家遇到困难了，还会出力出计谋帮忙解决，没几天，就跟寨子里的人混熟了。乡亲们都看出来了，这两个人是徕兵。只有徕兵才会有耐心听穷人说话，对穷人好。只是，穷人的困难多着呢，帮了这事总还有那事，苗冲那么多穷人怎么帮得过来呢？

那一阵子，杨刚奶的娘家村、婆家村，以及周边村的乡亲，很多人因为交不起税，被官府派人抓到县城坐牢了。税越来越重，人头税每人要交 20 元，牛税每头要交 10 元，猪税每头要交 3 元，其他家禽家畜都要交税，还有土地税、鸦片税、盐巴税……多得让人喘不过气来。官府和头人勾结在一起，钱粮税层层加码，层层盘剥，根本不管老百姓的死活。官府、头人天天派人来催，谁要交不出银子，就抓人。他们不容宽限，也不容人讲道理，谁在言辞上稍表现出不满，就是忤逆，就是对抗政府，就是重罪。村民们敢怒不敢言，只能三三两两地聚在杨刚奶家，围着火塘，叹着气，控诉着。

杨刚奶气愤地说："逼得这么紧，大家都活不下去了，我们只有打了！"

对于"打"，苗冲的人并不陌生。距离上一次"打"，也才刚刚过去 12 年。那时候是民国五年（1916 年），乡团总、头人叫苗冲的人种大烟，那时候地里的玉米都已经抽穗了，乡亲们求他们，说等这一季玉米成熟收获了，就改种大烟，可那些恶人根本不理睬，强行把玉米全部砍掉，逼迫村民种大烟。看着倒伏一地绿油油的玉米秆，乡亲们的心流血了，愤怒了，对官府、头人压抑了很久的不满像狂风骤雨，像山洪，顷刻冲出。猪场乡有一个名叫陶宝的苗族男子，家里很穷，为人却很仗义，他领头起义，千百人应声而起，拿起猎枪、锄头、弯刀、木棍跟官府、头人打了起来。后来周边的彝族人、仡佬族人、壮族人、汉族人也纷纷加了进来，起义的队伍越来越壮大，人数达到了两万多人，烽火遍及西隆、西林和云南省广南等地。西隆县城几度被攻陷，官府被迫换了四任县长，这场斗争历时四年，一直到民国八年（1919年）才结束。

陶宝起义失败了，但也大大打击了官府和头人，官府不得不做出让步，出台《西隆编管苗户简章》，既加强对苗民的统治，又限制了官员的行为，同时也对苗民作了安抚：凡苗民子女，须劝令入学校读书；凡纳税纳捐、兴学、种植、修路、禁烟等权利义务，苗族人与土著住民一律平等，若有加于虐待或法外苛索时，准其禀官，依法公平处理；若有差役警兵或团练保人等，借故捐派，抽敛钱文时，准其反映指名禀报县知事、道尹、督军及省长查办。

只是没过几年，《西隆编管苗户简章》就成了一纸空文：仅仅12年过去，繁重的杂派和税捐就又把老百姓逼得活不下去了。

对！活不下去了，只有跟他们打了！大家纷纷附和，火塘旁的气氛高涨起来。

两个徕兵就在这个时候走了进来。大家扭头见是他们，很自然地往火塘两旁挤了挤，空出位置，请他们坐下来，像是来了一个熟识已久的故人。女人们继续绩麻，男人们继续抽烟，水烟筒从一个男人的手里递过来，一个男人接过来抽了几口，又传到另一个男人的手里，传到徕兵手里时，他们也抽了几口，接着往下传递。麻线在女人手臂上一圈一圈缠绕，水烟筒在男人手边一轮一轮传递，对官府、头人不满的话题一个接着一个。

乡亲们叹着气说，这老天爷没长眼呢，看不见富人恶，看不见穷人苦呀。

徕兵问："这天底下穷人多还是富人多？"乡亲们说："当然是穷人多。"徕兵说："所以只要天底下的穷人都团结起来，定能叫这不让人活的天给反过来。"

乡亲们说："他们有钱有势有枪有人，我们搞不过他们。"

徕兵说："我们也有枪。我们的人比他们多——全天下穷苦人都是我们的人。一根筷子折得断，一把筷子折不断，只要全天下的穷苦人都团结起来，我们就一定搞得过他们。"

那一晚，徕兵还说了很多很多，说共产党的主张，说红军是穷人的队伍，说百色城发生的那场武装起义——在共产党的领导下，如今右江地区很多个县都把作威作福的官吏、地主恶霸打跑了，把他们搜刮得来的财产全部分给穷人，把他们霸占得来的田地也分给穷人。火塘旁的人听得一惊一乍的，每个人都兴奋不已，内心里一直混沌的东西似乎猛然被人打通了。

苗族人大多有枪，那是打猎和护家防身用的。苗冲山高林密，毒蛇猛兽多，世道乱，劫匪强盗多，居住在深山里的人户无论多穷，总要千方百计弄一支枪傍身护家。很多人家都会制造粗糙的粉枪，一些富裕的人家甚至还从山外买来快枪。在苗冲，苗族男人的枪法大多很准，而苗族女子会用枪的也不少。

每当有外敌来犯，苗族男人手持枪支，十几个人结成一群，凭借茂密林木和地势天险，以石沟作堡垒、战壕，两个人一组，坚守一道防线，枪法精准的人负责射击，另一个人负责给枪装火药子弹，两支枪轮番交替使用。这类枪装火药子弹有些费时间，但两支枪轮番交替使用，速度却跟快枪没有太大差别。

山里人住得分散，往往三五户就是一个小寨子。特别是苗族人，家家户户的房屋都建在高山上，周边寨子的鸡鸣狗叫互相都能听得到，平时有建房、修屋、婚嫁、丧葬等大事，附近山头的人都会来帮忙。遇到豺狼虎豹等猛兽侵害，或是发生水灾火灾兵患匪患，只要有一家呼叫，附近寨子的男人立马拿枪拿刀跑来帮忙，哪怕再凶猛的老虎、豹子也会被围剿击杀。而通往苗寨的路十分险峻，为了守家护院，家家户户都养有狗，防守严密得就连老鼠也不能轻易靠近房屋偷窥粮食——外人若来犯，即使没在来的途中劳累不堪，也会被一大群凶猛的狗追逐撕咬；即使侥幸躲过狗的追逐撕咬，最终还是会被狗的主人发现而被围剿击败。

徕兵的话击中了杨刚奶的内心。是的，要是全天下的穷苦人都能团结起来，那真是什么恶人都会害怕的。暂且不说全天下了，就是苗冲的穷苦人都团结起来，西隆那些恶人肯定也会害怕，被关在牢里的乡亲们也一定能救得出来。只是苗冲坡坡岭岭那么多，村民住得那么分散，如何让大家都知晓这些道理，团结起来共同把这不让人活的天反了呢?

有一天，杨刚奶突然在家设起仙坛，成了“仙姑”，也就是巫师。在桂西北民间，人们都相信巫师能通鬼神，能算得出人的前世今生来生，能化解人的祸害灾难。而一个人能否成为巫师是天选的，祖师爷在天上，相中谁，就阴传法术给谁，症状就是平日里好端端的一个人，突然就莫名疯癫起来，整天神神叨叨，说些别人听不懂的疯言怪语，直到设起仙坛，那人才又变得正常起来，从此便也通了鬼神，正式成为巫师。

成了“仙姑”的杨刚奶像往常一样走村串寨给人看病。有一次她去深山崖洞拜神，求得一把一尺多长的刀和一支小手枪，便时常佩戴在身上，去德峨、狗场、猪场等地赶圩时也带着。圩场人多啊，杨刚奶给人看病时，就讲自己得祖师爷阴传成巫的事。她还时常独自一人，在熙攘人群里又唱又跳，说“仙话”。怪异的装扮，怪异的行为，引得认识或不认识她的人，全都围着她看。杨刚奶借着“仙话”，说出了很多惊人的道理，听得圩场里的人又惊又喜。围观的人越多，杨刚奶的名气越大，认识她的人便也越多，随着一个圩场接一个圩场地唱下去，那些惊人道理也像风一样，传遍了整个苗冲——很多年后，人们才知道，原来杨刚奶也成了徕兵。她在那两个徕兵的指点下，借着“仙姑”的身份，宣传革命道理，广泛发动群众。

不久后，杨刚奶的身边多了一个“师爷”（苗族对老师的称呼）。那个名叫罗荣昌的苗族男人，是个见过世面的人，年轻时曾到贵州省求学，据说结交了很多有见识的人，他回到德峨后，在学校里做老师。后来“师爷”的好友杨高济也来了，曾参加过陶宝起义的王登武也来了，他们都是见过世面的人。很快，杨刚奶的身边便聚集了300多人，这么短的时间内招集到那么多人，民间都传说她会“撒豆成兵”。

官府很快注意到杨刚奶，察觉到中共地下工作者在苗冲的活动，出其不意抓走了那两个从云南来的徕兵和几十个群众。杨刚奶和“师爷”等人决定起义，攻打县城，救出被抓的人。起义时间定在农历三月初三的第二天，这个时间，大多数人还在村里忙着祭祖扫墓，城里值班的警兵不多，守卫空虚，正是攻城的好时机。杨刚奶让几个苗族妇女赶制了三面绣有镰刀和锤子的红旗。

1931年农历三月初四，天刚蒙蒙亮，300多名村民就聚集到弄杂寨（今德峨镇弄杂屯），周边一些彝族人、仡佬族人、壮族人也赶来了。杨刚奶说：“反对官府，救出亲人，抵抗捐税，我们才有出头之日！”这些话，之前杨刚奶在给人看病时说过，在圩场里独唱独舞时说过。这些都是苗冲广大穷苦人心里想说却不敢说的话。出发前，杨刚奶再一次强调纪律：打官是为了救人与抗税，不能伤害百姓，不得拿群众的东西。

上午 8 时，牛角号吹响，300 多人的队伍向县城进发，杨刚奶和三名旗手打头，罗荣昌在队伍后面压阵指挥。

攻城牛角号吹响，各路义军以红旗引路，刀枪并举，动作迅猛，县警卫队措手不及，狼狈逃窜。县府急调一个排 30 多人来阻击，与义军对阵片刻，抵挡不住，就和官员们一起逃走了。义军很快攻陷县城，打开牢房放走几十名群众和那两名徕兵。下午四时，义军按计划分三路撤离县城。

一切都很顺利。只是杨刚奶没想到的是，队伍里混进了假装起义的苗族地主杨宗泽、杨宗海两兄弟，他们在义军撤离时，趁混乱指挥亲信烧杀抢劫，烧掉了县城四家人的房屋，烧死了一名群众，抢走了 100 多块光洋和一些铜板，以及沿街居民的棉被衣物。

杨刚奶带领 80 多人从县城撤回，赶去与义军的另一名领导人王登武会面，计划下一步活动。王登武建议杨刚奶往冷水沟方向转移，杨刚奶说："在这个地方不怕，都是我们的人。"混进队伍里的杨宗泽趁机诱骗她跟他们往岩脚方向走，杨刚奶不知是计，便同意了。此时，义军队伍已被分化瓦解各走各的，人越来越少，在途中，杨宗泽就把杨刚奶等人捆绑了起来。直到这个时候，杨刚奶才明白过来，在县城趁乱打劫的就是这帮人。她训斥说:“老天有眼看地下啊,我不像你们白吃人民的饭、喝人民的血,总有一天,上天会报应你们。”

杨宗泽派人把杨刚奶和义军押送到县城,几天后,杨刚奶和 14 名义军就被杀害了。

三年后,一个衣着褴褛,说西南官话的女人来到苗冲,称自己是杨刚奶的化身,托人把钱带给杨刚奶的儿子阿刚,还把过去的事情说得清清楚楚,又跟杨刚奶一样会治病会念经会讲“仙语”,苗冲的人对此深信不疑,很多人都来找她治病,大家都称她为“保娘”。

“保娘”在帮村民看病或画符时,也像杨刚奶一样,向群众宣传革命道理。她说:“现在官府苛捐杂税那么多,连年灾荒,老百姓生活非常困苦,如果想翻身解放,改变苦难的现状,穷苦大众就要团结起来,反官府,抗捐税,再艰难也要继续斗争下去,失败一次二次的不要紧,坚持下去总有一天会成功的。”很多年后,人们才知道,这位“保娘”也是共产党派来的。

“军师”罗荣昌来了,杨高济来了,王登武也来了,杨刚奶被打散的旧部都陆陆续续寻来了。村民们背着粮食,扛着武器,也从四面八方闻讯赶来,那些青壮年甚至老年人,大多是苗族人,也有彝族人、仡佬族人、壮族人、汉族人,一时间,狭窄的竹林湾汇集了成千上万人。

官府对义军的骤然兴起十分恐慌,立即组织民团、乡警“围剿”，义军对官府的“围剿”奋起抵抗，多次打退民团和乡警的进攻。县警兵从龙洞到弄杂一路烧杀掳掠，竹林湾的苗族寨子全被烧光，“保娘”被警兵杀害于竹林湾山坳里。

这次起义前后历时六年，革命的火种在苗冲播下，此后的革命活动在苗冲一直没有停下。

多少年后，一直到现在，德峨镇的人仍在谈论杨刚奶，那个胆子比男人大的女人，那个“撒豆成兵”的苗族传奇女英雄，人们仍记得她在很多个圩场和很多个跳坡场的独特样子——那么多的人啊，在她身边熙熙攘攘，她独自边歌边舞的身影，是那样决绝，又是那样灿烂。

她是个仙姑。德峨镇的老人说。

她是个徕兵。德峨镇的年轻人说。

她是个好人。德峨镇的男人女人都说。

五彩苗裳

▼那是一条时间长河，也是一条历史长河。苗族刺绣蜡染在千百年的时光里，不断传承，不断融合，又不断创新，一个民族的灿烂文化才能绵延到今天。

将非遗穿成产业

德峨村龙洞大寨，是杨刚奶十八岁就嫁过来的村子，这里生发的炽热的故事从 90 多年前流传下来，在山山弄弄里回响。2023 年冬天，我来到这里的时候，这个和张家寨一样从石头上生长出来的苗寨，已成了旅游景点。我是来找杨丽莎的，她是百色市级非物质文化遗产代表性项目隆林苗族服饰制作技艺代表性传承人。不承想，我此次见到的却是她的母亲杨横奶。

杨横奶坐在自家开的小商店里，和几个老人围着火盆聊天，她们身上的偏苗传统服饰，在昏暗的光线里，有一种悠远祥和的岁月感。小商店是自建房一楼改装而成，简易的木架子上摆放的全是些家庭日常用品，想来顾客都是寨子里的人，平时路过店门，折进来买一包盐巴一瓶酱油或一把面条，若是没什么可买，也没什么活儿等着去做，便径直走进柜台里来，和主人家围坐到一起闲闲地聊天。一切都是随意的，在山间，人们的生活节奏随着时令而动，时光便也跟着松弛下来。

见到我，杨横奶笑眯眯地站起身，领着我就往屋后走，想必每一个面生的外地人，寻访到这里找杨丽莎，都是来看蜡染的吧。屋后是一幢木楼，挂着“传统特色民居”的牌子，客厅墙上挂满了照片和装裱的蜡染制品，我看到年轻的杨横奶、中年的杨横奶、老年的杨横奶，她身上的服饰似乎一直没变，永远是那身黑色的大襟短上衣，半筒半褶蜡染长裙。她总是笑盈盈的，在照片里，在我身旁。

我也看到杨丽莎了，在照片里，有时候和她母亲杨横奶一起，有时候和蜡染制品一起。她的纺织蜡染刺绣等手艺是杨横奶教的——在苗寨，女孩子的手艺几乎都是母亲教的。她在家里开了一个小作坊，专门制作蜡染及苗族服饰，顾客会通过网络向她购买，也常有大学生组团过来体验蜡染制作过程。

我从没认真数过，德峨镇有多少家与苗族服饰相关的作坊，只记得有一年夏天，我跟着几个摄影家路过德峨镇那地村，看到一家五口在自家蜡染作坊里忙碌，门前宽阔的空地上，上百张蜡染布晾晒在竹竿上，竹竿与竹竿头尾相连，在山野里曲曲折折排列。风吹过，一长排浅蓝深蓝的蜡染布随风舞动，很是壮观。染坊里，几十个染缸装满蓝紫色液体，沿着墙根排成两排，蓝靛特有的植物芬芳在狭小的空间里弥漫开来，笼罩在我们身上，那一刻，我感觉自己也和晾晒在竹竿上的蜡染布一样，浑身上下都被浸染成好看好闻的浅蓝深蓝。

杨横奶正在做蜡染　林斌／摄

非物质文化遗产·隆林苗族服饰制作技艺　梁汉昌／摄

制作蜡染是一件繁复的事，有些人便只画蜡，不调染缸，圩日再拿到圩场给人帮染。那家作坊便只做染的环节，平时从各地采购来已画好蜡的布料，进行染色脱蜡。搅拌、浸泡、软化、染色、脱蜡，多道工序之后，才能将染布晾干，再将制好的染布销售出去，让人制成衣裙、背带、腰带、背包、窗帘、门帘等。那家作坊一年大约能加工 8000 条蜡染布，这是一家人的主要经济来源。

更多时候，苗族妇女们的双手就是作坊，时间零零碎碎的，上山干活的间隙，煮饭做菜的间隙，喂猪喂牛的间隙，只要腾得出双手，便坐下来做蜡染、绣背带花或腰带，到了圩日，再将这些手工制品装进背篓里，背到圩场卖。蜡染布一条两三百元，背带花一条也是两三百元，生意好的时候，一个圩日能卖得两千元左右。自然也有一条也卖不出去的，便又背回来，等着下一个圩日再背去卖。这些东西是农活之余用零碎时间做出来的，在村人的眼里，便也算不上个正经活儿，圩日摆摊挣点钱补贴家用，生意是好是坏倒也没有那么在意了。手工精细的，顾客买过一次便记住了，记下手艺人的电话号码，下次再买时直接打电话到家里订购。也因此，农闲时节从德峨乡间走过，随时都能看到妇女们坐在家门前做蜡染刺绣的场景。那样的时刻，阳光总是轻柔，大抵也常会有一两个小小的孩子缠在她们跟前，互相嬉闹着跑上跑下，祖母们的眼睛落在手中的蜡刀或绣花针上，不时转过头对着顽皮的孩子呵斥几声。

她们身上的苗族服饰，也大抵是陈旧的，是经过无数次浆洗，行走过无数条山道和无数个圩场的。苗族服饰本来就属于日常，可以穿去赶圩跳坡，也可以穿去劳动，只是到了这一辈，倒成了稀罕，年轻人平日里穿从商场买来的现代装——那些分不出民族的时尚衣裙、西装、牛仔装、T恤，待到走亲吃席、赶圩、参加跳坡等各种节庆时，却必定是要穿回传统服饰的。每年农历三月初三，更是传统服饰大展示的节日，壮族、彝族、仡佬族、汉族、瑶族、侗族……各族群众都穿上自己的民族传统服饰，唱歌跳舞，逛街游玩。那是一个沸腾的节日，每个人都被欢乐的浓烈气氛裹挟着。每年一到这个时段，各民族的传统服饰往往畅销甚至脱销。

坐在家门前做蜡染刺绣的妇人大多上了年纪，她们已当上祖母或外祖母了，留在家里，帮着进城务工的子女带孩子。那些年轻人，像蒲公英，刚一成年便飘飘荡荡摇摇摆摆地飞离大山，落到不知哪座城市去，只在逢年过节时才会出现在村里。老一辈的手艺，也曾传到他们那里，只是被他们丢下，渐渐便忘了。也有人捡了去，当成谋生的技能，在村里开作坊，或是到德峨街、隆林县城开服装店。苗族的蜡染、刺绣，以及服饰制作，如今已形成产业。在德峨镇，专门从事苗族服饰制作、生产、销售的手艺人就有数百人，较有规模的民族服饰商铺，全镇有 30 多家，专业的生产设备有 50 来台。而在隆林县城，有一条当地人称为红庙的街，

苗族妇女在家门口做刺绣　梁汉昌／摄

苗族妇女在家门口织布　林斌／摄

专门售卖民族服饰。经过设计装潢的商铺沿着街两旁开设，一个紧挨一个，苗族、彝族、壮族、仡佬族、汉族，五光十色的民族服饰挂在玻璃橱窗里，纷繁得让人眼花缭乱。那些将民族服饰产业做得更大、走得更远的人，将手工制作与机器生产结合起来，用传统服饰的造型、色彩、图案以及工艺元素构建时尚创意新潮流，对民族服装进行改良，使它更生活化、休闲化、时尚化。有人将服饰产业开办成公司，把门店开到首府南宁，面向全国各地销售。自然，制作这些服饰的工厂仍还在隆林，这片孕育出璀璨民族文化和传统工艺的土地，是断不能丢弃的，离开它，就会像树木失去土壤，河流失去源头。厂里几百名工人大多来自本县，这些人，有不少是身怀祖传绝技的手艺人。

花苗妇女在织造绚丽的苗锦　梁汉昌／摄

生意上的事，杨横奶可就不管了，她把手艺传给了杨丽莎，就由着年轻人去闯，路终究是她的，她得自己走。杨丽莎不在家，她早上刚出发到市里去了。小作坊里，那些蜡染制作工具安静地待在工作台上，室内的摆设和手工制品，无声地展示着主人的手艺和审美。杨横奶的背已经被岁月压弯了，身子弓得几乎快要对折起来，却仍脚步轻盈，走路飞快。她带我爬上三楼，让我看她的织布机和纺麻机。那两台木制的古老机器，杨横奶曾在无数个清晨和黄昏踩动过它们，传到杨丽莎手上时，木梭和踏板已被时光打磨得光滑，变得沧桑凝重。我是见过织布机的，我母亲年轻时也曾每晚坐在火油灯下织布，想来，在桂西北出生长大的孩子，谁的家里不曾有过织布机呢。

杨横奶坐到纺麻机前，给我演示如何纺麻。她双脚踩动木轴，纺麻机便转动起来，绑有麻线的竹条在驴皮做成的传动带的带动下不停旋转，纺锤上的麻线也渐渐变成规整有序的散线。杨横奶说："现在这麻线还是生的，还不能直接拿去织布，要放到锅中，加入木柴灰一起煮一个小时，停火后由着麻线和木柴灰水留放锅里，浸泡 12 个小时后再把麻线捞出来冲洗干净、晒干，过一两天又重复煮、洗、晒。反复几次后，麻线就会变得白莹莹的，再拿去用木滚子来回滚动碾压，让麻线变得扁平、柔软，才能拿到织布机上织成布。木柴灰是天然的漂白剂，能腐蚀掉生麻的杂质，只留下柔韧的纤维。"

"很麻烦，是不是？很多年轻人都嫌麻烦。"杨横奶笑笑，抬头看向我，自问自答。"麻对苗族人来说，很重要呀，现在生活好了，平日里苗族人可以穿棉布，也可以穿绫罗绸缎，等过世那天，却是要穿麻做的寿衣寿裤入殓的。就算这些都没有，至少也要有一根麻线让逝者到阴间去认祖宗。苗族人离开祖宗住的地方太久太远了，早认不得路也认不得人了，得让鸡去帮认祖宗。麻线一头拴在逝者的拇指上，一头拴在要杀的鸡身上，这只鸡在阴间一叫，就会有另一只鸡回应它，那只鸡的主人就是老祖宗。”

我知道，这是苗族“指路经”里说到的事，想必上了年纪的苗族人都清楚这些内容程序。

杨横奶一只手抬高牵住麻线，另一只手辅助整理，手脚协调并用。木轴转动，四五个纺锤被牵引着同时转动，她的身子也跟着有节奏地晃动，一拉一放一踩一旋间，她的左手扬起又落下，动作优美得像在跳一曲舞。这看起来好像很轻松，但我知道，这是一个人在几十年的光阴里，日复一日专注做着同一件事，才会沉淀出的娴熟和从容。杨横奶边纺麻边抬眼望着我笑，我惊讶地发现，那分明是一双少女的眼，羞涩、自信、骄傲，带着动人的光芒。她的笑容很美。她 80 岁了仍是个美人。

也许是跟太多人聊过太多的蜡染、太多的纺织和服饰，杨横奶更愿意和我聊过去。冬日的阳光从大门上方照进来，落在我们身上，杨横奶满是皱纹的脸颊泛着光，身上的银耳环、银手镯、银戒指全都亮晃晃的。对于过去，杨横奶仍有着清晰的记忆，她识得字，上过三年学，曾做过队里的记分员。杨横奶说：“那时候没有路，走哪儿靠的都是两条腿，山路长又陡啊，怎么也走不到家，走得小孩子都饿哭了。”她记得，隆林第一条公路是 1959 年才开始动工挖的，从隆林县城通到德峨，再通到西林。那时候杨横奶还只是十四五岁，父母和姐姐都出工去挖公路了，她在学校里一边读书一边做工。书是读不进的，因为肚子饿，大家都跑到山上挖山芍来吃，挖到山芍也没有了就挖野芍来吃。说到这里，杨横奶望向我，感叹着说："现在好啦，我们这么石山旮旯的地方，国家都能来给我们挖路，每个寨都通车路，家家有摩托，还有不少家有小车，哪家房子不好，国家都来给搞好，老人也有养老金领了。"

杨横奶积攒下这么多往事，似乎就是等着这个冬日的午后，一股脑儿说给我听。她的话密集得让我找不到缝隙插嘴，我便只有安静地听着，也在心里感动着。从她出生到现在，80 年的光阴里，她经历了很多历史大事件，见证了时代的变迁，她看见的风雨注定比我多得多。她说起有一次在山上干活，看到红红的太阳挂在山头，想起一首歌里唱到红太阳，想起毛主席已经不在了，悲从心来，一个人在山里哭了很久。

黄昏时分我告别杨横奶走出院门，她一路相送。我问她的名字，她说她叫杨横奶。我自然是知道她叫杨横奶的，这是一个苗家少女转身成为一个母亲的标志——当一个女孩子的名字里出现"奶"字，她的青春就结束了。而我想知道的是她原来的名字，那个有着飞扬青春和梦想的名字。杨横奶想了想，说她还有个名字叫"杨丽荣"。我又问她的小名，她说不记得了。我想她是记得的，只是那个名字已经很多年没有人叫了。

出走与归来

那个时候，杨云见到的母亲，大多是坐在缝纫机旁，踩动脚踏板，唱着山歌，缝纫机发出哒哒哒的声音。母亲的歌声好听，缝纫机的声音也好听。父亲在供销社上班，家里孩子多，平日里母亲帮人做衣服或缝缝补补，挣点钱补贴家用。20 世纪 80 年代初期，德峨街开始有各种布料卖了，人们也开始用缝纫机缝制衣服。缝纫机缝出来的衣服，比用手工缝的针脚更均匀，线条更笔直。

对小孩子来说，这些其实都不重要，缝纫机哒哒哒的声音才是最大的魅惑，诱着他们总想去摸一摸，踩一踩。母亲总是不允许的，只是她的事太多了，要做饭做菜，要上山种玉米种红薯种黄豆，缝纫机便总有被几个孩子偷偷踩动，发出哒哒哒声音的时候。小孩子自以为聪明，赶在母亲回来前按原样放好，母亲却总能一眼看出缝纫机被动过的痕迹，杨云和哥姐们便免不了被一顿打。

来找母亲做衣服的，大多是苗族人，也有一些彝族人、壮族人、仡佬族人或汉族人，家里的几个孩子便也常被母亲安排着，一起帮着做事。大哥二哥是男孩子，做得少些，大姐二姐是女孩子，做得多些，杨云年纪最小，大抵也只是做着玩。每天晚上，白炽灯光昏暗，照得父亲的住房也昏暗，五个孩子围坐到一起，熨烫衣服，或翻挑出衣裙的褶角。免不了打打闹闹，母亲有时呵斥几声，恼怒起来也是要拿木条打人的，大多时候则是不理睬，只一个人唱着歌，将缝纫机踩得飞快。母亲喜欢唱山歌，踩缝纫机时唱，煮饭煮菜时唱，上山干活时也唱，似乎总是很快乐的样子。她没上过学，嫁给父亲后，跟着学会了一些字，能写自己的名字，能给每一件衣服编号，能登记衣服主人来领取的日期。

一套衣裙分解出来，便是领子、袖子、前襟、后襟、

杨云在工作室院子里刺绣　贾继波 / 摄

裙摆、围腰、飘带、腰带、绑带，看起来支离破碎，母亲踩着缝纫机，熟练地将它们拼接组合起来。那些缤纷多彩的偏苗服饰、白苗服饰、青苗服饰、花苗服饰、素苗服饰、红头苗服饰，以及彝族人、壮族人、仡佬族人、汉族人的服饰便横七竖八地堆在凳子上、箩筐里，隆林五个世居民族，尤其苗族六个支系服饰的异同就这样进入杨云的眼里。很多年后，当杨云成为自治区级非物质文化遗产代表性项目隆林苗族刺绣代表性传承人，成为“全国青年非遗传承人扶持计划”年度入选人物，她也无法说清，自己到底是什么时候学会刺绣的。那些花样针法肯定先于她的手，进入她眼里脑里，也许就在那些个灯光昏暗的晚上，就在哥姐们打闹嬉笑的时候，就在那堆缤纷绚丽的服饰将她整个儿包围的瞬间。2024 年春天，杨云在南宁市美丽南方景区，在她那间名为“乐秀刺绣蜡染”的个人工作室里，给我说起这些时，脸上是一种沉醉了的轻快笑意。

那个时候，家门口就是圩场，不是圩日的时候，大街上行人寥寥，大人们都到田间地头干活去了，街头便只剩下小孩子和猫猫狗狗无所事事地到处游荡。六天轮一次圩，杨云总是盼着圩日早早到来。德峨街的小孩子都喜欢圩日，那一天圩场上总会有很多好吃好玩的东西，那一天的大人们也总会比平时大方，会从口袋里掏出五分或一毛，给他们买零嘴解馋。圩日的热闹从清晨就开始了，杨云听到门外马嘶牛叫，人声像沸水一样翻滚进房间里来，就知道周

杨云的各种荣誉证书　罗南／摄

边村寨的人来赶圩了。她翻身下床就往家门外走，平日里空旷的街头已是熙熙攘攘，男人女人大人小孩，他们身上的服饰，和母亲堆放在凳子上箩筐里的服饰一样，只是穿到了人的身上，便生出了各自的眉眼和脾气。杨云流连在每一个小摊子前，那些小吃摊、玩具摊太诱人了，像是会伸出一只只小钩子，勾得小孩子挪不开脚步。山外的人总会带来一些稀罕的小东西，比如五颜六色的小气球，摊主鼓着腮，把气球吹得圆鼓鼓亮晶晶的，一不小心吹过了头，便“砰”地在他嘴边炸响，把他自己吓一大跳。围观的小孩子全都笑起来，他也跟着笑，又拿起一个，鼓起腮接着吹。村人穿的仍多是自种自织的麻布，挺括的布料走动时会唰唰轻响，蜡染刺绣小摊随处可见，杨云倒是很少驻足观看，这些都太稀松平常了呀，在德峨，几乎每一眼都能看到它们。很多年后，杨云专业从事蜡染刺绣工作，童年圩日街头那些服饰的眉眼和脾气，从遥远的时空里生长出来，藤蔓一样攀爬缠住她的内心。杨云拿起针线绣下它们，它们便活了过来，长出了眉眼，长出了脾气。

那个时候，德峨的苗族人几乎家家户户都种麻，种得倒也不多，一亩二亩，够做一二套衣服便行，麻做的衣服耐穿，也不用年年添新衣的。三月里播种，七月里收割麻秆，接着便是漫长的制衣过程。从割麻、晒麻、剥麻，到绩麻、纺线、碾线，再到织布、蜡染、刺绣，每一个环节都繁复而绵长，待到一套衣裙做出来的时候，一年或几年就过去了。

山里人的日子跟着太阳走，日出日落，是一天，春种秋收，是一年。妇人们将种麻做衣这件事，进行得零零碎碎，绵绵长长，而又从从容容。赶圩、放牛、走亲访友的时候，走在路上就可以绩麻，把两根麻皮拿在手里，拇指和食指不停捻搓，待到搓口紧密牢固，两根麻皮便会连接在一起，变成一根长麻线。麻线越搓越长，便挽成一圈一圈的，挂到肩膀上。妇人们常备着一大把麻皮，腰带一样厚厚地缠系在腰间，等绩完一匹麻线，又从腰间抽出麻皮接着绩。绩好的麻线放在背篓里，也不急，等把地里的玉米收进家，妇人们才开始转动纺麻机和织布机。

母亲蜡染刺绣都很厉害，她能用蜡刀一口气写出三尺长的直线，笔直得就跟尺子画的一样，写的蜡花从不需要事先描图，蜡刀落下，线条便行云流水。是的，苗族人画蜡不叫“画”，而叫“写”，每当母亲说要写蜡时，就像姐姐哥哥们说要写字一样。杨云喜欢看母亲做蜡染刺绣，那样的时刻，她总是眉眼含笑，说话声音轻柔，周边的一切便也跟着风和日丽起来。母亲拿起针线，在麻布上绣一条横纹，说，这是河流；她绣一条卷草纹，说，这是花草在生长；她绣一些形态各异的弧形纹，说，这是马牛羊走过的脚印；她绣无数回环式的方形纹、几何纹，说，这是我们苗族祖先住过的村子；她绣一些波纹、菱形纹，说，这是田地。

杨云问：是哪条河流，哪个村子，哪块田地呢？母亲也不知道，她只知道小的时候，外婆就是这样告诉她的，而外婆所知道的也是太外婆告诉她的。老辈人就是这样一辈辈传下来，不知传了多少辈了，都知道很古很古的时候，苗族祖先住在太阳升起的地方，那里地势平坦，土地肥沃，后来被强人抢占，被迫迁徙，渡过很多条江，翻过很多座山才到这里来，因此布料上这些曲曲折折的线条纹路，就是老祖宗渡过的河，爬过的山，住过的村子，养过的马牛羊。

当然还有神话传说。母亲绣背带花时，告诉杨云，这是螃蟹。传说苗族祖先在迁徙途中，有一年发大水，那水特别大，从平地都快淹到山顶了，螃蟹游过来，驮起老祖宗，把他们送到陆地上。是螃蟹救了苗族人，祖先们记着它们的恩情，就把它们绣进背带里。母亲又笑着说，螃蟹有两只大钳子，大钳子抓钱厉害，绣在背带里背娃娃，以后这娃娃长大了，找钱就厉害。那是一枚菱形的纹样，杨云看不出螃蟹的样子，母亲指着菱形花的四个角说，这是螃蟹的两对大钳子，变了形的，看起来像花一样。

丝线是从商店买来的，红黄蓝紫绿，在灯光下闪着温润的光泽。用来做刺绣的丝线细得像头发丝，母亲还把它们劈成两股、四股、八股，倒不是要节省，母亲说，丝线越细，绣的花越好看。五彩丝线绣在麻布上，便是宽广无边的天地和万物。那么多颜色的丝线，母亲用得最多的是红色和绿色，她绣下的花纹稠密，色彩艳丽浓烈，纹样造型夸张生动，龙凤、花草、虫鱼，不同形态的物象组合随意自由，情趣盎然，似乎是母亲一时玩心兴起，突然生发的奇思异想，她心里想着什么，绣下的便是什么。母亲说，这样的颜色搭配以及物象组合，也是老辈人传下来的，苗族人的刺绣就是这个样子。

母亲绣，杨云也跟着绣，撩下一针两针的，就兴冲冲拿去给母亲看。母亲眉眼都没抬，便抚着杨云的头，笑说真好看。家里五个孩子，父亲母亲从不要求他们学这些，只希望孩子们把书读好，考上大学，将来有份稳定体面的工作。可杨云仍然学会了，隆林苗族刺绣的二十几种针法，在她九岁之前，便已都能娴熟运用。

后来杨云去上学，黏在母亲身边的时间便少了，读了小学，读了中学，上高中那年，母亲去世了。大哥十六岁便顶替父亲，到供销社上班，挣钱供家里的弟弟妹妹读书。母亲去世后，大哥的负担更重了，二哥那时读大学二年级，而二姐刚上大学，杨云刚上高中，二姐和杨云之间，只能二选一，舍弃一人，供一人读。杨云便说，我不读了，让二姐读。杨云其实是想读书的，她成绩不错，将来应该也是能考上大学的，只是大哥实在供不起了。多年后，杨云说起这些，脸上风轻云淡，想来，那些沉重的往事，该是已在时光里慢慢消解了罢。

大姐比杨云大十岁，她就嫁在德峨街，自然而然地便接过母亲的衣钵，继续做刺绣、蜡染，以及服饰制作行当。为了多挣些钱，大姐赶“转转场”，晚上踩缝纫机赶制衣服，白天则扛着大包小包，到周边乡镇的圩场摆摊卖。隆林那么多圩场，轮流起来便每天都是圩日，大姐也就几乎每天都奔波在去赶圩的路上。杨云只有十六岁，离开学校也无处可去，便跟着大姐一起做服饰卖。日子过得平平淡淡，杨云觉得自己大概率也会和大姐一样，有一天也嫁在德峨街，然后一辈子做服饰卖。

那个时候，德峨很多人没念完初中就到广东等地打工去了，杨云的同窗好友也去了深圳。过年过节时，外出打工的人回到德峨，几乎都穿着牛仔衣牛仔裤，像当时流行的港片明星，样子很酷。他们谈论的话题，也多是千里之外那个杨云从未见过的纷繁世界。杨云也想出去看看，可她除了会做民族服饰，会刺绣蜡染，也不知道还能做些什么了。那些见过世面的人都说，走出德峨，走出隆林，外面的人并不穿民族服装，广东那些服装厂做的也不是民族服装，杨云便又迟疑起来，就这么犹犹豫豫间，时间便又过去了好些年。

进入 21 世纪之后，大姐的传统服饰生意不太好做了。随着年轻人不断外出，山外的新思潮不断涌进德峨来，年轻人都不怎么穿传统服饰了，他们的着装打扮越来越趋同于城市。德峨街上的服装店越开越多，那些新开的店，装潢讲究，时装新潮，牛仔服、超短裙、西装、T 恤……款式和质地都是年轻人追捧的时尚潮流。光顾大姐生意的，便只是一些上了年纪的人，他们穿惯了传统服饰，便一辈子都穿着。大姐也习惯了做传统服饰，一直到杨云离开德峨，一直到现在，大姐仍在德峨街摆摊卖服饰。她不再赶“转转场”了，上了些年纪，经不起舟车劳顿，平时也极少做工，只在过年那阵才做一些衣服售卖。老顾客恋旧，那么多年了，总还会有人特地寻来，找大姐帮做衣服。

离开德峨那年，杨云二十二岁。她先到南宁学了一年的服装设计，然后去广东一家贸易公司打工。那家公司专做服饰、布偶、刺绣、印花稿设计及制作，很适合杨云。世界豁然打开了，杨云看到了比德峨更广阔的天地。公司里的同事大多是年轻人，大家来自天南地北，操着南腔北调，每天吃住在一起。日子就这么一天天地过下去，所有的人都像是一台庞大机器上的齿轮，每天在同样的时间里，重复做着同样的事。只是，流水线批量生产的服饰、布偶、刺绣，长着一模一样的面孔，它们没法生出像德峨街那些传统服饰的眉眼和脾气。

多年后回望这段经历，从她迈开脚步离开德峨的那一刻，从去到南宁学习时装设计的那一年，以及在广东贸易公司打工的六年里，某一种混沌的东西已经悄然被打开了，只是当时的杨云并不知道。从传统服饰制作工艺，到现代时装设计，再到流水线生产，杨云无意中接通了更为宽广辽阔的世界，她隐约看到，某一些事物在时光里不断行走，而某一些事物还在时光里停留，它们之间，隐藏有一条通道，只要找得到破解的密码，就能接通彼此。

正如寨里的老人说的那样，人的姻缘都是老天爷定好了的，有缘分的人，不论多远都会相遇。来到广东的第三年，杨云遇到了她的爱情，那个湖北男人，她的丈夫，在她后来茫然找不到方向的时候，推了她一把，让她重新回到刺绣蜡染这个古老的行业上来。

他们是网恋。那时候是 2006 年，正兴 QQ 聊天的时候，也不知道是谁先加的谁，其实这些都不重要，重要的是，他们走到了一起。那个湖北男孩大学毕业后，留在广东做老师。那时候他在深圳，杨云在汕头，每次见面光路费就花不少钱。男孩说，不如我去你在的城市吧，便真的来了。在杨云所在的公司做了两年IT后，丈夫想去做边贸生意，夫妻俩就这样回到了广西。那时候他们年轻，心里想到的事，很快就会行动起来，并没有太多顾虑，也许是两个人相爱着，日子怎么过都是美好的。事实上，边贸生意没做成，丈夫仍做回他的IT行业，而杨云则开起了儿童服装店，一部分货是从广州贩来的，一部分货是她自己设计缝制的，都是现代装。那时候，城里人并没有穿民族服饰的习惯——十几年后，民族服饰在农历三月初三这个盛大的壮族传统节日火爆起来，是谁也没料到的事。

杨云已经很久不曾拿起针线，做与传统服饰相关的事了，她以为她忘了。她不知道，母亲教给她的那些，早已变成种子，潜伏在她身体里，只等着她拿起针线拿起蜡刀，那颗种子就会被唤醒，生根发芽，长成大树。其实，每一个苗族女子的身体里都潜伏着这么一颗种子，也许就在苗族先祖将第一条河流写成横线记进服饰里的时候，那颗种子就在苗族女子的身体里埋下了，它跨越时空，从每一个苗族母亲的身体里长出来，枝繁叶茂。做母亲的再把它变成种子，传给女儿，女儿再传给她的女儿，一辈传一辈，生生不息地一直传下去。

杨云的儿童服装店生意不错，她自己设计缝制的童装尤其卖得好。后来淘宝网等网络平台异军突起，以更丰富更实惠更便捷的优势冲击着实体店。进货来的童装，网店上都能找到，而杨云自己设计缝制的那些，却因为它的独特性而避免被网店冲击，仍然卖得不错。只是南宁店铺的租金上涨太快了，一年下来基本没赚到钱，童装店开不下去了。

杨云想去找其他工作，她只会做服装，便想着去找一个服装厂做打版的工。丈夫说："你腰椎间盘突出，去版房做不了的，那里要扛一圈圈布到裁剪台上，你的腰不好，怎么扛得了？做流水线计件工，你也做不了，你手太慢，久坐又不行。不如就在家休息吧，你喜欢绣就绣一些，不喜欢绣就不绣，养家的事有我呢。"丈夫不懂刺绣，他是汉族人，从相识到相恋，他们从来没有谈论过刺绣。他说这些话只是安抚杨云，他知道她内心焦虑。丈夫这些话，温暖了杨云很多年。

时间大把大把地空了下来。尽管丈夫说养家的事有他，可失业仍让杨云不安，仿佛又回到高一辍学时的彷徨，看不见前路，也不知道方向。在南宁开店那几年，周边人都知道杨云会刺绣，有孩子读幼儿园的家长便找她帮在衣服、书包上绣孩子的名字，后来又有读艺校的学生来找她帮绣毕业设计的作品，就这么零零星星地做着。什么活儿都不来找她的时候，杨云便做一些刺绣。当时的她也还没想通做这些刺绣的意义，只是绣着，纷乱的内心就会安静下来。也就在那个时候，埋在她身体里的种子偷偷发芽了，而杨云仍然不知不觉。

是无字史书

很多年后，杨云总不忘提起那次培训，那是一个起点。人生中总会有无数个起点，它构成了一个人命运中的偶然和必然。

那一次，二姐说，反正你闲着也没事，不如去听听呗。杨云便去了。是关于刺绣与染织技艺的培训，在广西民族大学举办。她后来才知道，那是一项由文化和旅游部、教育部共同实施的中国非物质文化遗产传承人群研修研习培训计划（2021 年起，这个项目更名为“中国非物质文化遗产传承人研修培训计划”）。二姐是市级非物质文化遗产代表性项目隆林苗族刺绣代表性传承人，她知道这些信息。

那时候是 2016 年 10 月，26 天的课，老师讲了很多内容。有些是杨云知道的，比如母亲说过的有关苗族先祖的历史故事、神话传说，以及母亲教过的物象组合色彩搭配；有些是杨云不知道的，比如刺绣蜡染里的历史学、民俗学、社会学。杨云第一次知道，苗族的刺绣蜡染里原来有那么多学问。这两门技艺，在 2006 年 5 月都已列入第一批国家级非物质文化遗产名录。

授课老师说，我们老祖宗传下来的东西很好，要坚持。杨云突然发觉，原来她竟已拥有那么多好东西。

这 26 天里，杨云内心里飘忽不定的混沌世界，再一次被打开了，同时也留给杨云更多的茫然和空白。系统的理论课，让刺绣和蜡染变得高深起来，曾经以为熟悉无比的东西，突然间变得陌生疏离。杨云觉得自己似乎懂了，又似乎没懂——那个混沌的世界，总在她以为看清时却又模糊了，她抓不住它。是的，它还需要被一次次打开，直到有一天终于沉静下来，显露出它清晰的模样。不久后，杨云自费去到贵州，参加为期半个月的蜡染技艺培训。之后的两年里，又连续两次参加文化和旅游部、教育部共同实施的中国非物质文化遗产传承人群研修研习培训计划，内容分别是苗族蜡染以及织绣技艺，每期都是 26 天。

在这样反复的清晰与模糊间，杨云绣了一条龙，通体采用的是蜡染的颜色，明净清澈的蓝和明净清澈的白，像秋日的天空。龙腾起五爪作飞天之势，却蓦然回首，露出可人的憨态。这之前，从来没人尝试用蜡染的颜色做刺绣的颜色。通透纯粹的蓝与白，细腻逼真的针法，让这条龙很轻易就被人记住了，这幅刺绣作品后来获得了市级工匠奖。这也是杨云第一次参赛，第一次获奖。如今，这条龙被框起来，挂在杨云的工作室墙上，每次看到它，杨云都会想起那段艰难而珍贵的时光。

那一年里，她连续获得三个奖，杨云内心里又坚定了一些东西。只是随着刺绣蜡染知识越多，视野越开阔，杨云越发觉得自己懂得太少。世界真的很大啊，光苗族服饰就有 200 多种，而针法有 120 多种，流传在隆林的仅仅是少部分。这些针法散落在全国各地苗族聚居的村落，一些复杂的针法，只有年已古稀的老人还懂得。杨云决定走村串寨寻访民间老艺人，跟她们学艺。

二姐是高中老师，因此最初的每一次寻访都选在学校放假时段，大姐、二姐和杨云，三个苗族女子沿着祖上迁徙而来的路线，去往贵州寻访散落在各地的古老针法。

她们也不知道老艺人在哪里，只是听人说哪个村有刺绣厉害的人，便往那个村走。有一天，她们走到一个村庄，看到一个苗族老人在门前晒亮布，便走过去跟她攀谈。隆林也有亮布，那是自织土布的华丽变身——自织土布经过蓝靛浸染之后加入牛皮水，并加入薯莨、金樱子、虎杖，经过千百遍捶打，之后又再浸，再蒸，直至布变软变亮，变出找不到语言能形容的美丽颜色和光泽。和刺绣蜡染一样，亮布也是从时光深处走出来的东西，这让杨云三姐妹忍不住驻足攀谈。老人已经很老了，皱纹深深地刻进皮肤里，少女时的光洁只在她微笑时偶尔从眼神里流露出几分来。她穿着传统苗族服饰，粗大沉重的银耳环，把耳洞拉得很长，似乎就要从耳垂坠断开来。苗族支系繁多，各支系的语言不尽相同，有些互相听得懂，有些听得半懂，有些却是一点儿也听不懂的。和老人半蒙半猜地聊，旁边年纪较轻的人不时用西南官话帮着翻译，广西、贵州、云南、四川、湖南一带，几乎都能用西南官话交流。老人很健谈，笑声爽朗，让人在恍惚间忘掉了那些堆积在她身上的厚重时光。第二年杨云再去那个村庄时，老人就不在了。

第二年再去，自然也是为了针法。寻访老艺人总不会一个村只走一次两次的。那天，杨云三姐妹走村走累了，便走进一家饭馆吃饭，顺便跟老板打听哪里有刺绣厉害的人。老板一听便笑了，说:“我老婆刺绣就很厉害呀。”饭馆隔壁是一家裁缝店，饭馆老板和裁缝店老板是一对夫妻。

往来做衣服取衣服的人很多，裁缝店老板便总也停不下来。杨云三姐妹坐在一旁等了很久，等得老板都不好意思起来，便说:“我带你们去找我姐吧，我会的针法，我姐全都会，她正在家里绣花呢。”于是便带了她们去。杨云发现，老板的姐居然就住在做亮布老人的隔壁，问起老人，才知道她不在了。

推算时间，去年她们离开村庄没多久，老人就过世了。也不是多大的病，一场小感冒，老人便去了。杨云第一次感受到时光的沉重，它沉甸甸地落下来，那些经过风霜经过雪雨的老人便凋零了。跟随老人一起凋零的，还有那些从千百年前走过来的古老技艺。杨云感到了从未有过的危机和紧迫，那些身怀绝技的老人，也许一场秋风一阵冬雨，她们就带着一种或几种针法走了，而她却还没来得及学会它们。

那一天，跟着老板的姐，杨云三姐妹只学到了两种针法：堆布绣和斜针绣。就这样零零星星的，有时候一个村能找到一两种针法，有时候一个村一种针法也没找到，时间便匆匆过去了。

在另一个村，她们住在一个小旅馆里，杨云发现旅馆的老板娘会一种针法，三姐妹便又缠着她教，学会了编绳绣。那个村是一个风景区，杨云看到有一些姑娘在卖老绣片。那些身着苗族服饰的姑娘坐在摊位前，一边卖老绣片一边做刺绣。她们身上的传统服饰、手里的刺绣技艺，以及摊位上的老绣片都成了风景区里的一景。杨云走过去看，姑娘们绣的都是一些常见的针法，而老绣片上的却是一些罕见的针法。杨云问："你们会这种针法吗？"姑娘们说："不会，这种针法只有老人家才会。"杨云说："那你们不跟她们学呀？"姑娘们便笑，说："这些针法太麻烦了，绣起来特别慢，挣不来钱，年轻人都不愿意学。"杨云内心里那种危机感和紧迫感又重重地压了过来，她想，年轻人都不愿意学，这些针法很快就会丢失，她得把它们捡回来。于是又问："会绣这种针法的老人在哪里？""那些老人大部分就在风景区里，年纪太老的就待在家里不出门了，年轻一些的就候在广场上，游客一来，她们便表演唱古歌跳传统舞。"姑娘回答。

村庄的一切都可以成景，服饰、刺绣、蜡染、古歌、

织锦的苗族女子　梁汉昌／摄

非物质文化遗产·隆林苗族服饰制作技艺——制作百褶裙　梁汉昌／摄

传统舞蹈，就连村民们拿些当地土特产在树荫下摆个摊，那也是景。老人们没空理杨云三姐妹，只在中场休息时，抽空跟她们聊聊。语言仍然不太通，苗话、西南官话、普通话几种语言交替使用，倒也能大致交流下去，只是语言的障碍仍然很大。杨云想，就算寻到老人的家里只怕也难学成，便决定换一种方式。她把那些老绣片买下来，带回家一针一步慢慢拆开，仔细研究她们的针法。此后杨云走到哪里，都会下意识地去找老绣片，收藏老绣片的习惯也是从那个时候开始的。贵的老绣片，杨云买不起，好不容易买下来了也舍不得拆，便收藏起来，只买便宜的拆。就在这些老绣片里，杨云学到了上百种针法。

后来，杨云又去到云南、湖南、湖北等省的大小苗寨寻访老艺人。大姐有了孙子后不能再走了，她要留在家里带孙子；二姐带毕业班教学忙，也走不了；杨云便一个人，越走越远，越学越杂。近十年时间里，杨云拜访了数百位手艺人，购买了几百件刺绣物件，把苗族几十个支系的针法学会了，还把彝族、布依族、仡佬族、瑶族以及别的民族的针法也学了去——不知不觉间，她会的针法竟已有几百种。

那些年，杨云的全部生活几乎只剩下参加培训、寻访老艺人、在家做刺绣这几件事，日子愈简单明了，内心却愈宁静自由。她的刺绣作品连连获奖，2017 年，她获得广西工艺美术作品“八桂天工奖”刺绣类铜奖，之后的第二第三年连续获银奖，第四第五年连续获金奖。那是广西工艺美术行业的最高奖项，它见证了杨云内心里的那个混沌世界，它清晰了，它模糊了，它又清晰了。在一次又一次往苗寨奔走的时间里，先祖埋在她身体内的种子抽枝了蹿高了，而杨云仍然不知道。

2020 年，杨云被聘为广西民族大学相思湖校区设计学院传统工艺课程的刺绣老师，之后又相继被南宁学院设计学院、南宁师范大学，以及南宁市西乡塘区教育局设立的“非遗苗绣艺术实践工作室”聘为苗绣指导老师。原以为拥有一身技艺就能教好这门课，其实不是的，学生们提出的古灵精怪问题常让杨云哑言。学生们有着太多的好奇和思考，他们会追问：这个苗绣纹样是什么意思？这个地方的服饰结构是什么样的，它为什么是这种组成方式？也许是学生们生长的环境不再似杨云年少时，那时候刺绣蜡染就像无处不在的空气，所有的一切存在都是自然而然的事，那些纹样及服饰组成方式几千年来就是如此，苗寨的孩子从不需要问太多的为什么。

杨云突然明白，那个混沌世界留给她的茫然和空白，原来是这些古老工艺背后蕴藏的历史、文化、寓意，甚至是经脉、理论。她想起有一次在广西艺术学院参加培训，那一期是苗族蜡染技艺内容，培训结束时，授课老师做了一个调查，他把苗族服饰上的纹样一一投影映到大屏幕上，然后指着那些刺绣或蜡染的纹样问：这个纹样是什么意思？来自全国各地的苗族学员给出各种相同或不相同的答案，老师全都详细地记录下来。那个时候杨云并不明白，老师为什么要记录这些。

学生们的提问，让杨云幡然醒悟，原来她遗漏了那么多重要的东西。过去她只为学针法而奔走苗寨，从未去了解针法背后的东西，而那些东西正是破译一个古老民族秘密的时光密码。于是，杨云又走村串寨，将她寻找到古老针法的村子，重新又走了一遍，去听老艺人摆古（摆古，即为叙说远古的历史），去了解一个村的历史，以及当地的风土人情。这些古老针法散落在某一个村庄，那个村庄必定藏匿有它们前世今生的秘密。

在过去的几千年里，苗族曾有过自己的文字吗？有些人说没有，有些人说有。相传很古的时候，苗族就有了自己的文字，那时汉族以漆为墨，将文字写在竹简上，苗族以蜡汁为墨，将文字写在布帛上。那是一些象形文字，苗族人将自己的创世神话、游猎领地、重要事件等记录在布帛上。后来苗族战败被迫迁徙，为了保存自己的文书，逃难时，妇女们将写有文字的布帛系在腰间当作裙子，以逃避敌军的搜缴摧毁。因布帛太长且文字显现，不好穿戴又容易被识破，便将布帛折褶缝成裙，穿在身上逃走——这种有褶裥的裙子后来便成了苗族百褶裙。妇女们在迁徙路上又陆续将渡过的河、翻过的山、遇到的虎豹毒虫，还有曾停留居住过的地方、曾养过的家禽家畜、曾发生过的战争，统统记进衣裙里。那时候的服饰，大多还是战服的样式，后来的太多苦难，让妇女们又以祈福的方式，将一些符号绣上去作为护身符。为了不让这些文书遗失，妇女们一代传一代，久而久之就形成了如今斑斓独特的苗族

服饰。只是迁徙之路太漫长了，苗族人在一年年的颠沛流离中，渐渐遗忘了布帛上的文字。后辈们都知道身上的服饰记载着苗族人的历史，每一种纹样，每一种针法，都藏着苗族人的秘密，只是那些文字，再也没有人能读得懂了。

杨云是穿着半筒半褶蜡染长裙长大的，那是苗族百褶裙中的一种，她周边的苗族女子也都穿着自己支系的百褶

苗族刺绣蜡染百褶裙　梁汉昌／摄

裙长大，穿着它恋爱、嫁人、劳作、老去。苗族支系众多，百褶裙便也款式众多，长短不一，它的制作工艺几乎囊括了苗族服饰的所有工艺，制麻布、蜡染、挑花刺绣，并以多种针法使得横向褶裥富有弹性，方能最后成裙，其中的每一道工序都凝结有无数的时光。杨云从不曾想过，这些她天天穿着，天天眼里看着的褶裥和纹样里，竟还蕴含有那么丰饶深厚的东西。

在苗寨听老艺人说起过往的日常，时间和空间会在某一刻交织。杨云仿佛看到苗族先祖从时光深处走出来，她们告诉她，那些用针和线，用蜡汁和蓝靛膏，以独特的纹样、独特的针法书写进服饰里的秘密，同时还藏在苗族人的生活日常里，那些风俗习惯，那些节庆仪式，那些古歌和舞蹈，全都是。只是苗族人迁徙路线太长，分布太广了，这些秘密便被带到全国各地，散落在寂静或喧闹的村庄里。只要找得到钥匙，就能破解隐藏在遥远时光里的秘密。

也是时光密码

杨云有很多蜡刀，她将它们一一展示在工作台上给我看，隆林苗族六个支系的蜡刀、贵州苗族不同支系的蜡刀、布依族的蜡刀……我看着，只觉得每一把蜡刀除了大小长短不同，形状几乎是一样的。杨云抿嘴笑，也不解释，拿起其中一把，开始点蜡在白布上画石榴鱼。石榴鱼是石榴和鱼的变形组合，它是苗族传统的图腾纹样，有着深远的历史渊源和特殊寓意：石榴是多籽的，鱼也是多籽的，远古时代的那场战争，以及后来迁徙路上的大小战争，使苗族死了很多人，苗族人便希望女人能像鱼跟石榴一样多子，所以鱼在苗族的纹样里代表女性。

我听着，蓦然又想起读过的那部苗族古歌。这些纹样故事，和古歌里的故事，在我眼前变幻叠加，它们是彼也是此，它们从同一种时光里走出来，被苗族先祖记录进山歌里、服饰里。

杨云边说边画，蜡汁从蜡刀一角滴下，她手腕一斜一倒一收，蜡刀轻走，蜡汁变成流畅线条，落在白布上，石榴鱼活跃的身形渐渐呈现。杨云的手指粗糙，纹路粗重，蓝靛的颜色浸进她的指甲里皮肤里，那是旷日持久的浸泡，和蜡染的布一样，洗不掉了。

我没看到杨云打稿，蜡刀落下，石榴鱼便跟着蜡汁流淌出来了。杨云说：“这种传统的纹样不用打稿的，从小写着它长大，它早就长进苗族女子的血肉里记忆里，只需拿起蜡刀，就能自然而然地写出它来。一些新的纹样，比如顾客指定要的特别图案，才需要构图打稿，不过现在好了，有电脑帮画，也省了很多麻烦，直接照着写蜡便是。”

绘有蜡纹的白布，用清水洗一遍，再放进染缸里静待上色，蓝靛会让白布染上一抹抹深深浅浅的蓝，然后取出晾晒，再浸泡，再晾晒，蓝靛颜色不断在白布上叠加，直到布片变成深蓝色，之后将布片放进沸水里浸泡，蜂蜡融化脱落，待浮色去净，染布晾干，一块蜡染制品就完成了。

在这个过程中，调缸很重要，只要染缸调好了，蜡染就会做得很好，因此蓝靛膏很讲究。杨云用的蓝靛膏是从隆林快递过来的，那个名叫瓦厂屯的深山小苗寨有着清冽的山泉水，种植着满山遍野的蓝靛草——能同时拥有好的气候好的水质好的蓝靛草，是能制出优质蓝靛膏的重要因素。离寨子不远的坡地上，层次分明地排列着 86 个大大小小的蓝靛池，那是村民们建的，全屯 70 多户人家，几乎人人会做蓝靛膏。他们祖上是清朝时期因战乱迁徙而来的，做蓝靛膏也做了上百年。每年春末蓝靛草出苗，七八月割

上图：蓝靛草　梁颀婧／摄
下图：蓝靛池　梁颀婧／摄

非物质文化遗产·隆林蓝靛膏制作技艺——瓦厂屯的苗族蓝靛池　梁颀婧／摄

蓝制靛，然后销往广西各市县及云南、贵州等地。

非物质文化遗产·隆林蓝靛膏制作技艺——蓝靛膏　梁汉昌／摄

杨云说："染缸是一个很好玩的东西，蓝靛很娇气的，缸养得不好，蓝靛就会死掉。"杨云像在说一个顽皮的孩子，语气里，笑容里，满是怜爱和宠溺。我很惊讶，从来不知道有人会如此描述一种染料。

蓝靛在染缸里，经过调配变成染料，便有了生命，也有了脾气。温度不能太冷或太热，湿度不能太干或太潮，手艺人凭着经验去把握分寸，可变数是常有的，染缸便也常摇摆不定，也许头一天它还好好的，第二天它却死了。染缸活着时，是一汪蓝绿色，要是养得好，能反复循环使用十几年；染缸若是死了，颜色就会变得暗沉，只能全部倒掉，重新调制新的染缸——其实，染缸里是有微生物的，温度过高或过低，都会影响它的活性，活性太低，布就染不上了。

苗族人都知道苗族先祖迁徙时，为了日后能记住来时的路，在过黄河时，便在衣裙上写一条横线，在过长江时又写一条横线。老人们告诉杨云，刺绣和蜡染的记录方式

红头苗蜡染　王梦祥／摄

是不一样的，蜡染只能是横线，而刺绣却有可能是横线，也有可能是 Z 形线，或 S 形线——河流有多少道弯，它就能有多少道弯。在颜色上，蜡染只能是蓝色和白色，而刺绣却可以是五颜六色，因此，还可以用黄色代表黄河，玫红色代表长城，回字纹代表吉祥如意。最开始的时候——也许就在妇女们将象形文字穿在身上逃走的时候，苗族刺绣还有着固定的色调和式样，而在后来漫长的时间里，随着时代变迁，刺绣中或多或少都会掺杂进刺绣人的想法和喜好，因此那些河流，它仍然是河流，却已不再是原来的河流了，它是每一个时代的人们认知中的河流。

那是一条时间长河，也是一条历史长河。苗族刺绣蜡染在千百年的时光里，不断传承，不断融合，又不断创新，一个民族的灿烂文化才能绵延到今天。

现在，那条河流流到了杨云身上，她也要写下自己认知中的河流了。也许从那条蓝色的龙开始，杨云就已经在写自己的河流了，只是那时候，她还被困在自己内心那个混沌的世界里看不清。

走村串寨的这些年，杨云拆了很多老绣片，也收藏了很多老绣片，她学会了针法，弄懂了各种纹样背后的历史文化，还看到了蕴藏在其中有关传承与创新的脉络——是的，是那条河，它在老绣片里流淌，从一代又一代手艺人身上淌过，一直流到杨云面前。杨云看明白了，传统的东西若不能融入时代的元素，不能吸引大众的目光，终究是没有生命力的。

不久后，杨云又大胆打破常规，尝试着把壮族、彝族、汉族等其他民族的元素，用到苗族服饰上来——这在以前是不可以的，老辈人绝不允许，但现在则不同。社会的开放与多元，让人们的审美多了许多自由。

那是一条长裙，整体是蓝靛的深蓝，衣袖和裙摆是蜡染的蓝与白，前胸和飘带是刺绣的明艳，所有的刺绣蜡染纹样全都来自壮锦。它是安静的，它也是惹眼的，它还是时尚的，它是现代服饰与苗族服饰的结构重组。杨云给这条长裙取名为“苗与时代”，在杨云心里，各民族不同文化在一个新时代里碰撞出的火花，便是她认知中的河流。“苗与时代”后来获得了广西工艺美术作品“八桂天工奖”银

杨云展示《百鸟衣》刺绣蜡染作品　江了了／摄

奖和“百花杯”中国工艺美术精品奖银奖。

在那个混沌世界还没打开之前，杨云眼里只有技艺，那时候天天想着的便是如何让自己的技艺变得更精湛，随着她越走越远，越学越广，某一天，毫无征兆的，那个混沌世界就在她眼前豁然打开了，杨云这才发现原来还有比技艺更重要的东西。成为非遗传承人后，杨云以各种方式推广、传播刺绣蜡染文化和技艺。她参加民族工艺展演，传授刺绣蜡染技艺，把非遗文化带进校园。现在已经很少有年轻人愿意做传统工艺了，甚至就连知道刺绣蜡染的人也不多，这让杨云有着很深的危机感和紧迫感。杨云传授技艺的对象，除了高校那些读相关专业的大学生，还有一些普通手艺人和零基础的留守妇女、街道居民，他们学这门技艺，或许是为了谋生，或许只是出于好奇，而杨云只想着把传统文化和手艺传下去。杨云还想着，要是能把非遗的市场打开，这些古老技艺就能一直顺畅地传承下去了。

是的，是那条河，它得一直流淌下去啊。

2019 年 10 月，杨云作为非遗传承人代表，受邀赴泰国曼谷参加“海丝梦·中泰民族文化交流活动艺术作品展”，她落落大方地向当地人展示苗族传统刺绣技艺及刺绣作品，向泰国前副总理兼内务部部长陈景镇介绍苗族传统服饰。丰富的苗族文化知识，精湛的刺绣蜡染技艺，让她从容而自信。杨云微胖、白皙，笑起来的时候，从眉眼里流露出天真来，穿上传统服饰后，那份天真就融进衣饰里，与整个人连成一体，散发出独特的味道来。我熟悉那种味道，那是德峨的味道，那座重重大山里的古镇，它一直在时光里，也一直在时光外。

杨云在泰国向泰国前副总理兼内务部部长陈景镇介绍苗族传统服饰　杨云／供图

今天的苗寨

▼时间已经太古老了，一个习俗流传了千百年之后，它形成过程的细节，便已在时光里湮没，留给后人的，更多的只是猜测和想象。人们遵着祖上传下来的习俗，虔诚地将日子一天天过下去，一年年过下去。

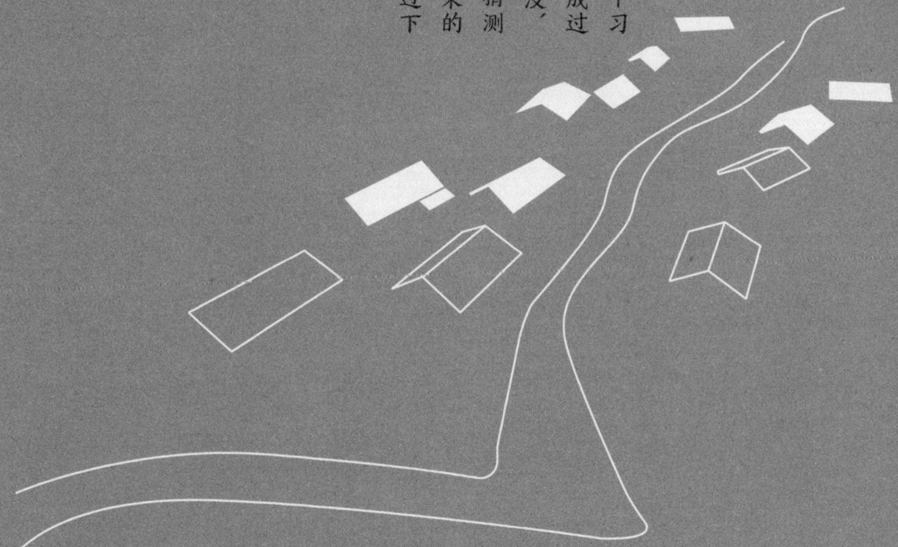

夕阳下的马弄屯　曾书奇／摄

凝固在时间里的部分

那片木楼就在德峨镇那地村马弄屯，从镇政府所在地南去 5 千米，上几道弯下几道弯后，便到了。寨子里很静，第一眼就看到了千百年前的时光，它们落在一片木楼上，便凝滞不动了，时间就此静止下来。

两三只狗从寨子上跑过，两三匹马两三头牛立在草地上吃草，十来只鸡在牛粪马粪里觅食，所有的家禽家畜都是安静的，就连最闹腾的狗，在这个苗寨里也是安静的。一个老妇人在木楼前砍竹子，她穿着偏苗服饰，弯着腰，一刀一刀慢慢砍，动作松弛，似乎一天的活，就只剩下砍竹子这件事了。老妇人和刀也是安静的。

34 栋房子，50 户人家，在一个小寨子里，不是拥挤的，但也不会太安静。马弄屯的安静，我想是因为那些木楼，青石做成的石板石条石墩陈旧，被人的脚步长年摩擦，玉一样温润光滑。木楼的柱

山窝中的马弄屯　曾书奇／摄

子枋条也陈旧，用桐油反复涂抹过的梁柱板壁，愈是风吹日晒，愈是发亮。石头与木头做成的房子，在一个小山谷里，千百年地站立，周边的一切便都是安静的。

与张家寨的半干栏式吊脚楼不同，马弄屯是全干栏式木楼——这里地势平缓，不像张家寨，需要依着山势建房，层层向上，重重叠叠。马弄屯的木楼是传统的榫卯结构，

穿枋柱子　蔡良／供图

房屋主体遵循三角形结构稳定性规律建设，按立柱与排挂的多少，分别为五柱四挂或四柱三挂。房屋都是两层，房角为人字形，两侧用木板围成墙，或是用竹子编封成墙，外面涂抹着掺杂有石灰或牛粪的黄泥，顶上一律盖着青瓦。屋内的设置和张家寨一样，有客厅，有火塘，有卧室。木楼前砌有青石板小坪，搁放着农具、柴火等。木楼三面是走廊，悬出一个木栏杆，栏杆上雕有万字格、喜字格、亚字格等象征吉祥如意的图案。

设在二楼外侧的悬空走廊，是妇女们平时绣花挑纱、打花带、晾纱、晒衣物的地方。妇女们面容姣好，穿着的苗族服饰明丽，她们做针线活时的欢声笑语，从木栏杆上落下来，在寨子里流成一地。这样的画面太动人了，摄影师把它摄进镜头里，带到山外，山外的人便在想象中把这面悬空走廊称为“美人靠”。而事实上，那走廊也是秋天村民们堆放玉米、黄豆、南瓜或红薯的地方。

依山势次第而建的房屋　曾书奇／摄

马弄屯的生活的确是需要想象的。我们从寨子里走过，看到猪睡在光滑的石头窝里，肥肥的肚子悠然地晾晒在阳光下，随着呼吸一起一落。那是一块巨石，天然陷出一个巨槽，人们便在巨槽四周用石块垒成一圈，顶上简单地搭了个棚，把猪养在里面——我总以为猪是睡在木楼底层或木楼旁的，在我走过的村庄，在我小时候的村庄，那里历来是猪和牛马住的地方。房屋侧檐下的木板墙竹泥墙上随意挂着几个背篓，垫上几把稻草，母鸡便趴在那里面下蛋孵蛋，它一动不动，只用滴溜溜的黑眼睛看着我们。在马弄屯，我时常会惊讶，根本想象不出一头猪会睡在哪里，一只鸡会下蛋在哪里，似乎在时空之外，这里的一切都是随意的，猪随意睡觉，鸡随意下蛋，牛马随意吃草。可那些上了年纪的人却是真实存在的，他们就在屋前劳作，我们走过，便微笑着打招呼说："进屋坐坐啊。"

"进屋坐坐啊。"我母亲也常这么对每一个走过家门熟识或陌生的人说。那是农家人打招呼的方式，这让我的心暖暖的，时光便也旧旧的。时间从很古很古的地方流过来，流到马弄屯便忘记流动了。其实时间一直是流动的，在时空之外也在时空之内，不流动的或许是这一群人，是他们先祖从几千年前走过来的脚步。

和摄影者打招呼的女主人　曾书奇／摄

寨中一景　曾书奇／摄

寨子里人不多，零零星星的，只是一些上了年纪的人。他们说："马弄屯的年轻人在德峨街上呢，逢年过节才会回来看看他们的老人，看看他们的房子。"见我一脸困惑，又说："这个寨子早在1999年就搬迁了，年轻人都住到镇上去了。有一年，寨子后面的山上发现危石，要是垮塌下来，就会危及整个寨子里村民的人身财产安全。政府工作人员一趟趟下来动员村民搬迁，大家都舍不得走啊，在这里都住了那么多年。政府工作人员就一遍遍劝，让大家搬到德峨镇上住，政府免费给地皮起房子，劝了很久，寨子里的人才陆陆续续搬了出去。后来政府请爆破队爆破拆除危石，经多次勘查检测，确定不会再对寨子造成危害，老人们就又陆陆续续搬回来住。新的房子建在德峨镇上，与德峨街的房子连成一片，和镇上的人一样，三四层的砖混楼房，一楼做成商铺门面，二楼以上住人。”

只不过隔着 5 千米路，德峨镇的繁华喧闹就远去了，老人们将马弄屯住成了远古的时光。那些木楼，那些石板石条石墩，那些猪鸡牛马，甚至是那些老人，他们是德峨镇凝固在时间里的部分。如今，马弄屯已被隆林各族自治县授予“传统特色民居保护基地”，那些古木楼也被悬挂上“传统特色民居”的牌子。

被认定为“传统特色民居”的古木楼　蔡良／供图

老人们坐在家门前给我摆古，他们先抬头看看屋顶，目光长长的，思绪便伸进远远的时光里，才说：“那时候起一个房子可不容易，要攒很久很久才把料攒够。”我问：“很久很久是多久？”老人们笑了，说：“是一辈子，也可能是几辈子。”

一座房子是要住几辈人的，因此建房是大事，从选宅基地起，每一步都郑重其事，要看风水，要看吉日。老人们停下来，看着我说：“你们年轻人不懂这些，老祖宗传下来的东西，是有讲究的。”我笑着点点头，老人们便又说起起房子的事。那些事，算起来竟已是很多年前的事了。

起房子砍柱头很有讲究，主家选好日子，带着前来帮忙的弟兄朋友去砍木。首先要从堂屋与伙房相连的中柱开始砍，等把靠伙房第一根中柱砍好后，再砍靠厢房的中柱，再依次砍其他柱头木。等木工师傅把整栋房子柱头串上排枋和瓜童形成房子排柱框架后，主家就会选择好日子立房子。

“上梁那天可热闹了，几乎整个寨子的人都来，大人小孩，男人女人，站满周边等着‘抢喜’。”老人说着，眼睛又看向屋顶，那根中柱已经很老了，蛛丝网拖着灰尘，长长短短地悬垂下来，颜色和中柱一样灰蒙蒙的。只是老人的目光热切，似乎那天的情景就在昨天。

等到房屋框架立好后，吃过中午饭，主家就背着一壶酒，带人到事先确定砍来做中梁的杉木旁，由主家和木工师傅各拿一把斧头，对着树木各砍三下，嘴里唱：

点大梁，点大梁，

你生在坡上生，
你长在坡上长，
泥土养你伸傲骨，
风雨百年硬如钢，
今天恰逢黄道日，
主家欢喜立华堂，
先立根根擎天柱，
后串排排牢固枋，
老天降福开顺路，
祖宗保佑俱安康，
如今砍你做大梁，
梁头扣紧主家千秋业，
梁尾箍牢主家万年康！
砍一斧，主家房屋牢又固，
砍二斧，主家辈辈像财主，
砍三斧，大梁归家护我主！
……

砍完三斧，前来帮忙的人一起把树木砍倒，把中梁扛回家，让木工师傅按房屋尺寸校对好梁身，然后锯身、削皮整形、割梁口，然后用一个银元和五个铜板把 40 厘米长的红绸布按四方形倒扣钉在大梁正中间的“吉祥框”内，预示主人家四季平安、万年富贵。

装中梁的仪式很隆重，主人家请木工师傅上梁头，请有上梁经验和懂唱上梁歌的寨中能人，入座喝上梁酒后就开始上梁。当梁头和梁尾的人一齐将梁扛上肩膀时，主人家立即在梁的两头各挂上一葫芦米酒。上梁的人就开始唱：

脚踏云梯步步高，
手引十指抓梁栲，
大梁落在肩膀上，
脱了紫鞋换紫袍，
轻巧迈步登高处，
步步为营上云霄！
上一步，一帆风顺，
上二步，龙凤呈祥，
上三步，三元及第，
上四步，四季发财，
上五步，五子登科，
上六步，六位高升，
上七步，七星高照，
上八步，八仙福寿，
上九步，久长久远，
上十步，金玉满堂！
……

唱完上梁歌，大梁正好被打到屋脊中柱顶口。站在梁两头的人，倒出葫芦里的酒，每人一碗喝下，喝不完的，梁头梁尾两拨人就开始唱起上梁猜码歌，等把酒喝完，才将大梁装入中柱衔接口。主人家用两个箩筐装满切好的糯米粑粑颗粒——富裕的人家，还把银子、硬币一起混进糯米粑粑颗粒里，往上传递给上梁的人，上梁的人接到后就从屋顶往堂屋下抛撒下来。早就等候在一旁的人立马涌进堂屋中“抢喜”，谁捡得糯米粑粑谁要糯米粑粑，谁捡得硬币谁要硬币，谁捡得银子谁要银子，每个人都欢天喜地。这样的热闹会让乡亲们在茶余饭后谈论很长一段时间，一座房子的喜庆也跟随着延续很长一段时间。

老人们的眼中跳跃着火焰，那是他们年轻时候的样子。人老了总会怀念自己年轻时候的样子。他们吟唱着上梁歌，

身穿民族服饰的妇女　曾书奇／摄

我的眼前，便是上梁时人们欢腾的场景，眼前的寨子，眼前的木楼，越发生动起来。

每一个初次来到马弄屯的人都会和我一样惊讶，内心升起奇异的感觉，仿佛在时空之外，却又分明在时空之内。这个被凝固在时光里的寨子，正被越来越多的山外人发现。来的人多了，马弄屯便也成了网红打卡地，女孩们穿上借来或租来的苗族服饰，假装自己是苗族女子，倚在美人靠里，倚在木栏杆上，或是三三两两地走在寨子里，坐在青石板上，回眸一笑，面带春风，等待摄影师按下快门。

多么梦幻啊，山外的人从城市的车水马龙里，猛然走进马弄屯，便被惊呆了，恍若穿越时空，进入不一样的时光里。那些时光多么遥远而又多么迷人啊，它们是马弄屯老人们的时光。

从牛说到移风易俗

从远古时光里走出来的，不单是人，还有牛。它就在苗族古歌里，在老人们口口相传的神话故事和民间传说中，在苗族人的服饰里、银饰里、刺绣蜡染里，在当地老百姓的生活日常间。

有关牛与民间祭祀习俗的传说有很多，与子女孝道有关的，与逝者要用牛有关的，那都是很古很古以前的事了。牛从古远的时光走来，带着苗族古远的生产生活印记，它让后人窥见，在遥远的年代里，苗族先祖就已将牛作为劳动工具，过着安定富足的农耕生活。在民间朴素的认知中，牛是祖先留下来的财富，当然是要跟着他们去到另一个世界的，否则先人在那边就要受穷受累。因此，人死后，家里就算再穷也要杀一头牛祭祀，即便这牛是家中唯一的财富。在过去的苗族村寨，一个人老了，会自己养一头牛，过世的时候，家人便杀掉这头牛，意为让老人带上牛去另一个世界，陪伴他，供他差遣，帮他干活，而牛肉则用来招待前来帮忙办理后事的亲朋好友。

时间已经太古老了，一个习俗流传了千百年之后，它形成过程的细节，便已在时光里湮没，留给后人的，更多的只是猜测和想象。人们遵着祖上传下来的习俗，虔诚地将日子一天天过下去，一年年过下去。

在隆林，葬礼隆重而庄严。苗族老人过世时，儿女都要杀两三头牛来祭奠，以示孝敬。儿子杀的牛叫“主牛”，女儿杀的牛叫“客牛”。年近百岁的老人说：“牛在苗族葬礼中的寓意，是让牛陪同逝者的灵魂一起回到东方，回到先祖最初生活的地方。”在葬礼上，儿子持弓箭护卫交牛仪式，女婿将牛绳交到逝者手中，祭司口中喃喃念词，逐一告诉逝者是哪一位亲人牵牛来送给他，并叮嘱逝者说，他送你一头，你要送他千百头，摇一摇竹卦，借一条牛命陪你归祖宗。牛便陪着亡灵一起回到先祖身边，在那个太阳升起的地方，继续帮他犁田耙地、运输负重。

“客牛”杀掉后，一半的肉用来招待客人，另一半过秤，主家按市场价给钱回礼，同时还要给送“客牛”的人“喝酒礼”。然而，也不知从什么时候起，这个习俗变成了攀比，谁家来的牛壮实好看，谁就有面子，而且杀多少头牛，成为儿女是否孝顺、葬礼是否风光的标志。结果，“客牛”越杀越多，“喝酒礼”也越来越高。葬礼上“客牛”的数量，变成与家族中已成家的女孩数量有关——那些女孩，除了逝者的女儿，还有伯、叔家的女儿，甚至有点沾亲带故的都要算上，要是家族里有 10 个女孩，就要杀 10 头牛，

德峨镇弄杂村水淹坝　林斌／摄

有20个女孩就要杀20头牛，有30个女孩就要杀30头牛。

这样的“牛礼”是沉重的。一头牛动辄上万元，无论来多少头“客牛”，每一头主家都得回礼半头牛的钱，外加“喝酒礼”，因此一场葬礼办下来，大部分的人家都得欠债，可也不得不承受。不断加重的“牛礼”像汹涌的洪水，一路冲刷下来，没人能阻挡，也不敢阻挡，每个人都被裹挟着，加入这滚滚洪流中，把自己也变成洪水，继续冲刷下去。比经济压力更让人承受不起的，是道德谴责，是风言风语，是失去体面，因此，尽管人人无法承受，却人人都在咬牙承受。主家负担实在太重，一种“背牛腿”的做法便产生了，主家部分亲友前来帮负担，拿走一条牛腿，并负责这头牛的回礼。等到亲友家有白事时，主家也要去“背牛腿”，还当初欠下的“牛腿债”。

这样的日子，人们已经默默过了很多年了。

很长一段时间里，隆林苗族几乎家家户户都养有牛，少的一两头，多的七八头，甚至十几头、几十头，牛越多生活越有保障。史料里有记载，清末民初，牛皮曾一度是德峨的一大产业，每到圩日，常有外面的商人来这里交易。对村民来说，平时犁田耙地，运送重物都要用到牛，遇到困难时，把牛

犁地开槽播种玉米的黄牛　梁汉昌／摄

拉到集市卖，就能换来钱，遇到白事，也能拿去送礼。只是把一头牛养大，是需要好些年光阴的，养的牛，便也时常等不到送礼时。

德峨圩的牛市总是很热闹。公路没开通前，人们徒步翻山越岭地来，公路开通后，人们坐车盘坡绕岭地来，宽敞的场地上，牛叫马嘶，人声鼎沸。每当村里有老人过世，就有人来牛市买牛送礼，钱是东拼西凑借来的，一万元省吃俭用也要还很多年。祭祀仪式结束后，主家便会运来几千斤牛肉，贱卖给牛肉摊主，杀这么多牛，肉自然是吃不完的，贱卖给牛肉贩子，多少能减少些损失。买牛的，卖牛的，来来往往，德峨圩的牛市生意便也异常兴旺。也许同一场葬礼，头一天刚从牛市高价拉一头健壮的牛回去，第二天就拉一车新鲜的牛肉贱卖回来。这一来一往间，就有两个或更多的家庭欠下了债务。

敖德金的“牛腿债”是前几年才还清的，算起来竟已还了20多年，那时候他才20来岁，眉目俊朗，腰身挺拔，如今却已是年过半百，面容沧桑了。20多年的时光似乎很遥远，其实也很近，近到失去母亲的悲痛仍然是那样清晰真切，近到那么多的“牛腿债”一直沉甸甸地背在他和哥哥的身上。

那时候是1990年，敖德金辛劳一辈子的母亲去世了。敖德金的父亲，那位德峨极有名望的老铁匠决定大办一场，让符合条件的亲戚都来杀牛。那场葬礼最终杀了24头牛，有的亲友送牛的同时还送来了猪和羊，并带着殡乐队一起前来。正如老铁匠所愿，葬礼办得风风光光。敖德金还记得，那场葬礼，每头“客牛”的“喝酒礼”是2500元，整场白事办下来，前后花了十几万元。在1990年，十几万元对一个普通家庭来说，无疑是一个天文数字。亲友们一起帮着分担，每家拿走一条牛腿，并负责这头牛的回礼，暂时让这笔天文数字化整为零，分散到众亲友身上，然而最终又回落到敖德金和哥哥身上。在后来的漫长岁月里，兄弟俩一条牛腿一条牛腿慢慢还，用了20多年，才将这24头牛全都还了回去。

只是，人情债是还不完的，每一场白事发生，都意味着有无数“牛腿债”要背，无数条牛腿要还，周而复始，无限循环，债务便也永远还不完。其实不止是白事，也不止是苗族人，红白事大操大办、高价彩礼等陋习，沉甸甸地压在苗族人身上，压在壮族人身上，压在汉族以及其他民族的人们身上。这是一道枷锁，大家都被锁在其间，苦不堪言。隆林也曾开展过多次移风易俗行动，只是收效甚微，人情攀比总会让事情变得反反复复，最终还是恢复原样，甚至愈演愈烈。

2020 年 11 月，隆林各族自治县实现整县脱贫摘帽，曾是广西四个“极度贫困县”之一的隆林，正式退出贫困县序列。脱贫攻坚战的胜利，让乡村基础设施和人们的生活都发生了巨大变化，那道枷锁也到了该打破的时候了。2021 年夏天，在县委、县政府的领导下，乡风文明建设纳入重要议事日程，对于当地的移风易俗来说，这是一次翻天覆地的改变，也是一次有着里程碑意义的改变。

如今回想起 2021 年夏天，人们仍能清晰记起工作人员的匆忙脚步。他们从县里来，从乡里来，走村串户，和乡亲们聊天，听取大家的意见，针对群众反映集中的问题，梳理出“重殓厚葬大操大办、丧事宰牛过多、丧事办理占道、治丧时间过长、早婚早育、彩礼过高”等 6 条陋习，形成一张负面清单。然后召开全县党员干部移风易俗动员大会，向全县干部发出移风易俗倡议。组织、纪检部门联合制作党员干部示范倡议书和有关纪律要求提示，组织全县 5500 多名党员带头签订承诺书，引导党员干部发挥示范作用，打造移风易俗“先行军”。

寨上年纪最大的老人说：“那一年夏天，无论走到哪里，都听到大家谈论移风易俗的事。村里的围墙上、宣传栏里，张贴的也都是移风易俗的事。去德峨街赶个圩，就有人走过来，拿着传单，说移风易俗的事。县里、镇里派来文艺队，到村里唱山歌、打快板、演小品，说的也全都是移风易俗的事。那些工作人员可有心了，怕人听不懂，还用苗话、壮话、彝话、桂柳话，跟群众讲移风易俗的好处。”

我问：“那大家想得通吗？”

老人说：“总会想得通的。很古的时候，老祖宗也只是杀一两头牛祭祀。人老了，要到老祖宗那边去了，总得带一两头牛过去，那边的田地也要用牛来犁啊。现在动不动就杀十几头，几十头，老百姓哪里受得起？要是一年碰上几场白事，那这一年就要背很多债，还到哪年才还得完呀。公家不让杀那么多牛，是对大家好啊。”

这之前，我已了解过，隆林这一次移风易俗做的是“减法”，从群众反映最强烈的白事入手，尊重民族感情，保留民族传统，革除陋习之弊。移风易俗是一项长期工程，简单粗暴的一刀切肯定行不通，只有不断做“减法”，从群众的风俗习惯实际出发，先引导群众少杀，一步步来才能让群众接受。因此县里规定，丧事操办时长原则上不超过5天，除直系亲属外，其他人员均不得宰杀牛、羊、猪等牲畜进行祭祀，主客双方祭祀和招待客人杀牛不超过2头，猪（羊）不超过 3 头，殡乐队不超过 1 支。

那一年 9 月，德峨镇有一位老人过世了，他 90 多岁，德高望重，生前人缘极好，家里亲戚也多，按照风俗，定会有很多亲戚牵牛来祭拜，这一场葬礼，粗略估算要杀 20 多头牛。这是德峨镇开展移风易俗行动以来的第一场白事，四邻八村的人都在观望着，是照旧从繁还是改革从简，关系到之后每一场葬礼的规模，更关系到移风易俗的成败。镇党委书记和镇长第一时间赶到丧主家，动员家属白事简办。2021 年夏天注定是一个繁忙的夏天，每当村里有老人过世，县里、乡里、村里的干部都得第一时间跑去做主家思想工作，及时劝止。

其实阻力更多来自亲友——那些淳朴、真挚而又沉重的人情，它们形成坚硬壁垒，将主家围困其间。最难过的是人情关啊，那些朴素而真诚的情感是最令人难以拒绝的，不坚定的人，往往难以招架。

有一位老人的儿子是一名医生，也是签下移风易俗承诺书的党员之一。老人过世当天，就陆续有亲戚牵牛上门来，医生头缠白孝巾，腰系细麻绳，站在家门口，苦苦劝退，有些亲戚急了，年长的当场指责他，说："百善孝为先，几千年的古礼都是要杀牛的，怎么到你这里就杀不得了？你父亲辛苦一辈子，现在他要到老祖宗那里去了，你不好好操办一场，就不怕别人戳你脊梁骨，说你不孝？过去穷，饭都吃不饱，老人要到老祖宗那里去，做子女的就算借钱都要杀牛，现在生活好了，反而不杀牛了？”

镇党委书记和镇长站在一旁，心里很着急，担心医生招架不住这波人情洪水的冲击。他们跟长者和众亲友说起了移风易俗的好处和县里关于白事简办的纪律要求。长者瞪了他们一眼，说：“移风易俗？以前公家也说过好几次移风易俗，结果怎么样？还不照样按老古礼来吗？”

对于族里长辈的指责，医生什么话也不说，他低着头，神态疲惫，眼神哀伤。在德峨，谁都知道他是个孝子，生前把老人照顾得很好，自然没有人会因为一场葬礼是隆重或是简朴，指责他不孝。

一拨亲友牵牛来了，被医生坚决的态度劝退了，又一拨亲友牵牛来了，又被劝退了。牛们站在离大门十来米远的地方，低头吃草，不时抬头看一眼贴有挽联的大门。芦笙声、锣鼓声响起，孝子们跪倒在地，迟缓凝重的吹奏声让人肝肠寸断。那些牛，等到葬礼结束之后，就会被它们的主人各自牵回家去。那一天，医生从早上劝到晚上，劝退了六拨人，在他的坚持下，那场葬礼最终只杀了 2 头牛。

这是一次破冰之举。这场葬礼对一个家族以及德峨镇的影响还在持续。不久后，一个村支书的母亲过世，他也带头丧事简办，仅杀了一头牛、一头猪，总开销不到三万元。移风易俗工作从夏天到秋天，虽然困难重重，但成效也一点点显露出来了，在县委、县政府的强力推动下，党员干部以身作则，那些顽固的陈规陋习终于被砸出了口子，并且越裂越大。2022 年春天，隆林全县 13 486 名党员都签订了承诺书，全县党员干部齐心合力，形成一股推进移风易俗工作的强大力量。

无数的时光堆积，才会形成一种习惯，想要改变习惯，也得用无数的时光去瓦解，移风易俗还有很漫长的路要走。2022 年，德峨镇德峨村获自治区挂牌“移风易俗劝导示范村”，2023 年被认定为第三批全国乡村治理示范村，隆林移风易俗“积分制”“示范村屯打造”等做法为百色市移风易俗相关工作方案提供了样本材料。

很多年后，人们一定会想起 2021 年夏天，想起那些从远古时光里走出来的牛，想起那群在烈日下走村串户，只为劝止葬礼过度杀牛的人。2021 年夏天，一拨脚步走过去了，一拨脚步正在走过来。

关于茶，以及其他

100多年前，田南道尹雷殷看见的德峨，山很高峻，土很瘦薄，树很高大，草很丰茂。每一眼看过去，都能看到石头。那种灰黑色的石灰岩，从地里钻出来，大大小小的，遍布山野。在岩石与岩石的缝隙间，德峨人开辟出零零星星的地，种下玉米、大豆、红薯、南瓜。土是瘦的，种出来的农作物也就瘦，养得人也黑瘦。

道尹问那群黑瘦的人，说："你们在这里没有土地，没有食物，没有住所，日子不是过得很辛苦吗？"他们答："一直都是这样过来的。"道尹说："一直都是这样过，当然也就习惯了，但生活苦不苦，你们是知道的。"他们又答："都习惯了。"道尹又问："我给你们足够的衣服和食物，你们跟着我离开这里，到外面谋生，可以吗？"他们答："离开这里，去到外面生活，我们不习惯。我们从来没有得到过别人给我们的衣服和食物。"

在《广西西隆县苗冲纪闻》里，道尹与村民的对话记录得很简洁，却也很生动，100多年后的今天读来，仍能真切触摸得到德峨地质的单薄和粗粝，道尹与村民的眉眼神态是那样的清晰，甚至能感受到他们的内心波澜——想必道尹内心是震动的，这群人，守着这个瘠薄荒凉的地方，过着衣不蔽体、食不果腹、居无定所的生活，却不肯搬出去。而村民的内心必定也是震动的，他们来到这个地方，住了几百年了，城里那些官员和富豪，除了压榨他们，劳役他们，几乎没有人给过他们好脸色，更别说送给他们衣服和食物了，而这个远道而来的道尹似乎和别的官员不一样。他们自然是不愿搬走的，一个地方住了几百年，是会住出感情和习惯来的，这样的感情和习惯会让人有依赖感和安全感。更何况，跟着道尹走就会更好吗？山外那些好田好地，又有哪一块能属于他们呢？他们族人跋山涉水走了那么多年，去过那么多地方，早就知道别处是容不下一群迁徙而来又一无所有的人的。

隆林位于全国十一个山区集中连片特困地区之一的滇桂黔石漠化地区，山多地少，土地贫瘠，而高山之上的德峨，更能形象诠释出“石漠化”这个词的质地和含义。一直以来，德峨主要种植的庄稼是玉米，只有这种不挑土质的农作物，才能在这片土地上生长，因此山里人家的主食基本都是糙硬的玉米饭。为了生存，人们不得不砍伐山林，开荒拓土，想方设法扩大玉米的种植面积，并将砍倒的林木就地焚烧，给薄弱的土壤增加养料，然后再“一窝窝”地在石头缝里种玉米——“一窝窝”这个词是德峨人说的。

其实每一个居住在石漠化大石山区的人都会脱口说出这个词，那些地真就是一窝窝地从石头缝隙里开垦出来的，碗大的地、锅头大的地、簸箕大的地、席子大的地，只能用锄头抠出一个个窝，种下一粒粒玉米种子，就这样一窝窝的，在山野里连成块，连成片。石头多，人们便绕过石头，在石头缝隙间讨要粮食。

是脱贫攻坚改变了这一切。一轮又一轮的脱贫攻坚战，先是将茅草房改造成瓦房，再将瓦房改造成楼房，通水，通电，通路。自然条件实在太恶劣的地方，就将村民整屯搬迁出来，住到其他条件更好的地方去。那是一个漫长的过程，几十年坚持不懈地努力，才将德峨变成了 2023 年冬天我看到的模样。是的，是那些脚步，翻山越岭动员村民搬迁的脚步，走村串户动员村民红白事简办的脚步，把党和国家的惠民政策传递到千家万户的脚步。正是一拨又一拨脚步接力攻坚克难，一点一滴地改变了德峨。其实在时间长河里，这样的进程已是快得令人惊讶，在 2016 年之后，脱贫攻坚的进程更是快速，仿佛是在一夜之间，就超越了过去千百年的发展变化。山仍是 100 多年前的山，和田南道尹雷殷看到的山一样，土仍瘦薄，石头仍多，只是，居住在那里的人过的生活已经不一样了。

在很长时间里，德峨人只知道这片土地适合种玉米，从不曾留意，那些茶树是什么时候从山里长出来的。成群成片的野生茶林，掩藏在深山密林间，当人们发现它们的时候，有的都已长得有一人抱粗、两人抱粗了。那些野生茶树就生长在金钟山主峰区域，以及德峨金平大山、斗烘坡区域海拔 1000 米以上的原始森林及次原始林中，面积达 38.87 平方千米，全部为大叶群体类型。这是迄今发现的，我国境内集群大、面积大、树势大，且年代久远的野生古茶树种群之一。其中德峨斗烘坡核心区域，连片的野生古茶树面积为 2.58 平方千米，百年以上树龄的野生古茶树 4650 株，最大的一株基部树围达 1.6 米，而最老的一株已有 1800 多年了。

这是大自然的馈赠。生长在高海拔深山之中的野生古茶树，是少有的能加工成绿、红、白、黑四大茶类的多能茶种。如今，隆林已利用这个得天独厚的资源打造出“正山堂·隆林红”古树茶品牌。

这都是后来的事了。关于茶，也许得从 20 世纪 80 年代初说起，从那个退伍军人陶德武说起，从三冲村说起。

德峨地势西高东低，西南部是石山区，东北部是泥山区，最高海拔 1957 米，属云贵高原余峰。三冲村就在海拔 1680 米的大山深处，那里常年云雾缭绕，19 个自然屯 600 多户人家，囊括了苗、仡佬、壮等 3 个少数民族。在高山之巅，在云雾之间，隆林三冲缘高山生态茶园便坐落在这里，无论晴或雨，山谷中总有云雾升起，翠绿的茶梯被笼罩在其间，层层叠叠，一坡连着一坡向远处起伏伸展。晨有云海，暮有霞霭，一季自有一季的风光，人在山道中走，在村寨里走，每一步都能看到景。天蓝、地绿、水净，安居、乐业、增收，三冲村就这样被评为2019年中国美丽休闲乡村，2023年还入选农业农村部公布的第十二批全国“一村一品”示范村镇名单、被评为“2022年广西乡村振兴示范乡镇示范村”。谁也不曾想到，这个美丽富有的村子曾经是国家级深度贫困村。

没有人知道，40年前，陶德武是怎么想到要种茶的。20世纪80年代初期，从城里到村里，多数人的生活水平都只在温饱线上。尽管深山里生长着一大片野生古茶树，但村子里几乎没有人喝茶，更不知道茶树是怎么种的。

那时候是1982年，陶德武从部队退伍回来不久，就被推选为三冲村委会主任，两年后又被推选为村支书。尽管上过战场、立过三等功，这个时年26岁的苗族小伙子仍时常面带羞涩。三冲村是德峨镇最为偏远的村庄之一，在公路还没开通之前，它只是一个孤立于大山深处的小村子。

每到五、六月份，便是青黄不接之时，上一年的粮食吃完了，这一年的庄稼却还没有成熟。乡亲们没米下锅，就来找村里的文书帮忙开证明，去粮所领救济粮吃。陶德武看在眼里，心里很难受，可地就那点地，每年都按照时令播种，是丰收还是歉收，就看那一年老天爷的心情，是风调雨顺还是大旱大涝了。他想，每年光等着种那点玉米来填饱肚子，还是不行的。可山里人只能靠山吃山，除了种玉米，还能种什么呢？这一想他便想了好几年，直到六

德峨镇三冲村雪景　林斌／摄

年过后的 1988 年。

那一年，陶德武跟乡亲们说种茶，说他考察过了，三冲村的土质和气候都适合种茶。陶德武说，把茶叶卖到外面去，能挣钱。只是村里没有人肯相信——那年头，饭都吃不饱，谁会吃这种刮油水的树叶子呢？那时候没有公路，人们进出村子都是骑马或走路，山道曲折，去一趟德峨圩都得赶个早晚。路不好走，很多人最远只去过德峨圩，县城是什么样都不了解，更别说市里区里了。村民们每天的生活就是放牛、打猪菜、种玉米，浑然不知，山之外的世界，在改革开放的脚步中已日渐沸腾。

陶德武挨家挨户上门动员大家种茶，最后有 26 户被说动了。其实他们仍然是不相信种茶会挣钱的，他们只是单纯愿意去相信这个年轻人。1989 年春天，陶德武和 26 户

勃勃生长的三冲茶　陶思艺 / 供图

人家在这片山头种下了第一批白毫茶树苗。

茶树长势不错，四年后茶叶如期采摘了。村里没通电，乡亲们在柴火烧的铁锅里给茶叶杀青、揉捻成型。制茶是一门技术活，偏重茶的香味就有可能失掉茶的色泽，能否完美地平衡色与香，全凭制茶人的经验。陶德武和乡亲们都没有经验，只能用手指去感受茶叶与铁锅的温度，凭着感觉炒制。第一批茶制作的质量自然是不理想的，只是大家都很开心，毕竟几年的心血总算看到成果了。那一年，他们第一次卖茶，分得了 50 多元钱。钱不多，如果算经济账，辛苦四年就挣这 50 多元，怎么算也不会比种玉米强，可这钱还是让人看到了希望。很多年后，谈起这 50 多元钱，那 26 户村民仍清晰记得当时激动的心情。

为了让茶叶能卖出大山，陶德武向政府申请扶贫资金，带领村民投工投劳修公路、拉电线。从村里到乡里，23 公里路，全村人就这样一锄一锄地挖，硬生生挖出一条路来。1993 年，三冲村成为全乡第一个通电、通公路的村。也是在这一年，陶德武和茶农合作成立了隆林晓云白毫茶厂，贷款购买设备，茶园面积迅速扩大，更多的村民加入到种茶的行列中来。

每一件事的成功都是不容易的，茶厂在发展的过程中就遇到了很多波折。刚开始创业时，由于缺乏市场经验，吃了很多亏。多年后，年过花甲的陶德武说起过去，总不忘提起 1996 年遭遇的事。他记得很清楚，那是 5 月 16 日，厂里把春茶销售出去时，季节已经过了，客商说你这个不是春茶是夏茶。春茶的价格比夏茶贵，可没办法啊，只能按照夏茶的价格卖给他们，就这样，茶厂亏了一大笔钱。生产亏了本，茶农很是泄气，陶德武安慰他们说，没关系，吃亏是福。吃多了亏，就有经验了。陶德武身上总有一种既豁达又不服输的劲，正是这股劲，带领着茶农们在后来的日子里，闯过一道道难关。不久后，陶德武被组织选拔到乡里工作，茶厂归村里，由乡企业部门负责管理经营。

2005 年 7 月，陶德武退休回到村里，他发现，茶厂已陷入无人管理的状态，村里的青壮年都外出打工去了，大片的茶园荒芜。想起建厂时的热火朝天，乡亲们眼睛里闪烁的光芒，他心里又难受起来。那是一段艰难而又美好的日子，大家同心协力一起走过来了，难道就不能一直走下去吗？几乎没有犹豫，他跟妻子说，他要去管理茶厂。陶德武身体不太好，因此才早早退休回来。妻子说：“你不要做了，退休了就好好休息吧。”陶德武说：“我放不下这个厂，茶厂建起来不容易，不能让乡亲们那么多年的心血白费了。”

陶德武重新接手管理茶厂的第二年，就遭遇了那场著名的“普洱之殇”，普洱茶市在一夜之间“崩盘”，并迅速蔓延至全国各地，茶叶市场陷入低迷。茶叶卖不出去，大家都很灰心，士气受挫，茶厂里弥漫着令人压抑的消极情绪，茶农们纷纷退出不做了。陶德武心里也很着急，但他知道他得咬牙挺住，这个关键时刻，要是他也跟着泄气，茶厂就真的完了。他召集几位骨干，说：“受点挫折就放弃那是不行的，我们要带动大家振作起来，继续干下去。”陶德武决定把茶园集中起来，自己贷款雇人护理，一年后，又成立茶叶合作社，把护理好的茶园全部放回给农户管理，并免费给农户供应肥料，待到茶叶收成时，按市场价收购农户采摘的茶叶。他把压力全部转移到自己身上，拿出多年的积蓄，还找银行贷了20万元，把这些茶叶都先囤起来。他相信，困难是一时的，这场“泡沫经济”风波一定会过去——事实证明，陶德武的坚持是对的，2008年下半年之后，茶叶市场经过调整、修复，渐渐转向健康发展的轨道。陶德武的一系列措施，激发了员工和茶农们的积极性，濒临倒闭的茶厂又重新焕发生机。

这样的挫折，之后茶厂又经历了几次，陶德武都挺过来了。茶厂开始有了效益，一天天走上了正轨，茶农们终于有了比较稳定的收入。这是陶德武多年的心愿，也是他种茶建厂的初衷。陶德武紧绷的弦终于松弛下来，这才又感觉到了身体上的病痛。他想，是该找一个有文化有技术有胆识的年轻人来接班了。

这个年轻人就是陶思艺。那时候她刚大学毕业，在首府南宁工作，当父亲陶德武让她回来跟他一起做茶时，她没怎么犹豫就答应了。她太了解父亲了，那个厂就是他的命。几十年前，当父亲把白毫茶苗种到那片山头的那刻，命运就将他与茶园、茶厂、三冲村紧密联系在一起了。父亲身体不好，她是应该回来的，要和他一起把茶厂经营下去。三冲村就这么一个企业，如果父亲不做了，那些茶园也就跟着荒废掉了。

1989 年，父亲在三冲村种下第一批白毫茶苗时，陶思艺才三岁，她的童年和少年，就是在茶园里度过的。每年春天，茶树抽出第一轮茶芽时，父亲便带着她来到茶园。父亲说：“越冬过后，第一次萌发的茶叶最是肥嫩，那时候香气醇厚，滋味鲜爽，最适合做春茶。时节不等人，得及

经霜历雪的三冲茶园　陶思艺 / 供图

时把它们采摘下来。”父亲弯着腰，粗糙的指尖很轻地触碰茶芽，生怕稍一用力，就会把它弄疼了。父亲说：“采茶时，不能用指甲掐，指甲掐断的茶叶根部会氧化变黑；采下的茶芽不能紧握在手中，以免芽叶发热变红，要像这样，手掌心向上，用大拇指和食指的指腹，夹住芽的嫩茎，向上轻提，让茶叶折落于掌心，待到掌心采得疏松的一把了，就把它们放到茶篓中去。”陶思艺永远记得，父亲说这话时，一脸的宠溺。父亲不太爱说话，平时大多是一副严肃的样子，只有说到茶时，才会变得话多起来。他在茶园里说茶，在茶厂里说茶，回到家里，说的仍然是茶。小时候并不觉得那些场景和对话有什么特别，多年后，这点点滴滴的细节，竟沉淀成她对茶最初的认知和最本真的爱。

跟着父亲做茶那年，陶思艺 26 岁，正是父亲当年担任村委会主任的年纪，也像父亲 26 岁时那样，她的脸上也时常挂着羞涩。父亲每天带着她，走基地、进车间、跑市场，很多事情都从最初的那一步学起。大学所学的专业派上了用场，她学得很快，两年时间，就懂了很多。

进入厂区的路仍是父亲当年带领村民挖的路，只是人踩马踏多了，车辆进出多了，比当年更宽敞。路是泥路，雨天一路泥泞，晴天一路尘土，外面的客商进来，或是厂里拉茶出去，都不方便。陶思艺便跟父亲商量，打算跟县里申请扶持项目，把这条路拓宽硬化，同时扩建新厂区，将茶园往相邻的村庄拓展——原厂区附近就是村民的住房，可扩展的空间已经不大了。

陶思艺的想法很多，她想扩大茶园种植规模，想建茶叶精深加工车间，想以现代化生产模式发展茶产业。可陶德武不同意，他觉得女儿太冒进了，投入那么大，要是失败了怎么办？当然，要是成功了，效益肯定也是翻倍。只是，他经历的风雨太多了，到了老年，便只想稳扎稳打。他已经做了半辈子的茶，实在没有精力再去折腾那么多事情。他承认，他的经营方式比较保守，产品单一，收入渠道也单一，每年基本就够让茶农有收入，茶厂能运转。可是收入少，风险也小啊，只要能保证乡亲们有收入，他就满足了。

传统经营方式与现代营销理念的碰撞，让父女俩产生了分歧。陶思艺和父亲第一次有了争执。那时候，正是谷雨时节，繁忙的春茶采摘已近尾声。陶德武只要有空，便往茶园去。满山的茶树翠莹莹的，空气里全是茶香，他总会想起以前，想起他带着 26 户村民种下的第一批茶苗，想起大家连夜赶制出第一批茶叶时，他带着样品，到城里四处寻找买家。那时候真年轻啊，有用不完的力气，也有用不完的胆量。现在倒是越活越后退了。说到底，他是欣赏女儿敢想敢闯的冲劲和锐气的。女儿多么像年轻时候的他啊，那时候面对全村人的反对，他坚持了自己，如今女儿面对他的反对，坚持了她自己。他想，女儿是对的，是该放手让年轻人去搏一搏了。

三冲茶业加工车间　陶思艺／供图

不久后，新厂区开工了，配套建设的还有茶叶精深加工车间，3000多平方米的现代化加工基地，新扩展的1000多亩茶园从三冲村延伸到革步乡蒙里村。县里的扶持项目也申请下来了，道路、水利、电力等基础设施同时建设进厂区来。几十年前，在父亲的带动下，三冲村部分村民自己种茶，建起了茶园，父亲与他们签订合同，每年收购他们采摘下来的鲜叶——这叫订单农户，茶厂的茶叶大半来自他们。这样的模式太单一了，陶思艺决定拓宽农户参与的模式。茶叶产业本来就属于劳动密集型，需要众多群众参与。除了原先固定的订单农户，还可以让村民通过土地流转的方式来参与，或是到厂区茶园管理茶树、采摘鲜茶，或是在工厂车间加工茶叶。这样，无论是茶叶种植，还是茶叶加工，乡亲们都能灵活选择适合自己的方式加入到茶产业中来。

乡村的时光是散漫的，村民们有着自己的生活方式，年轻人想去看外面的世界，便去了，男人们想出去闯荡，也去了，留守家里的大多是女人，她们需要看护孩子，还要喂猪喂牛，上山种玉米。茶厂离家近，除了把自家的土地租给厂里种茶收取租金，到了采茶季节，还可以来茶厂采茶，每天能有 100 多元收入。而那些进厂做工的，每天去厂里做工，有事时也可以照顾一下家里。厂里的工资不算差，一个月也有 5000 多元。

村里女人们的手，是种惯了玉米的手，是喂猪喂牛的手，是刺绣蜡染的手，对种茶采茶却是生疏的。种茶当然不是种玉米，它自有一套科学的管护标准。陶思艺与农业部门合作举办技术培训班，邀请茶叶界专家来茶园现场教授茶农技能，把三冲村、蒙里村 200 多名妇女的手，培训成种茶采茶的手。

陶德武见女儿做事稳重，胸有成竹，干脆把茶园和茶厂都交给她管理。2012 年，陶思艺在隆林晓云白毫茶厂的基础上成立了广西隆林三冲茶业有限公司，并担任公司总经理。她大胆实施生产线升级改造、产品提质和拓宽销售渠道，与农户签订鲜茶收购合同，给农户供应种苗、化肥等物资，并进行技术培训。5000 多亩茶园覆盖了三冲村、蒙里村 500 多户人家，当地 70% 的群众都参与到茶叶产业种植上来。不管是公司的茶园还是群众自家的茶园，都采取统一管理、统一采摘、统一收购鲜叶、统一加工、统一销售的方式，确保了公司的茶叶产量和质量。如今，公司已成为一家集种植、科研、生产、加工、销售于一体的农业产业化重点龙头企业，年产干茶达 100 多吨，每年有价值 3000 多万元的红茶、绿茶、白茶销往全国各地。

陶思艺给新研发的茶叶取名为“三冲缘”，这个名字是由无数个故事组成的，它是父亲的故事，也是陶思艺自己的故事，更是三冲村的故事。在过去的几十年里，或是更长的时光中，关于茶，关于这片土地，以及生活在这片土地上的人们，他们内心里的欢喜与悲伤，这些都是缘分啊。就包括每一个来到三冲村的人也是缘分，跟三冲村的茶有缘，跟三冲村的人有缘。这深居大山之中的茶，后来频频在全国各大展会上亮相，“三冲缘”牌金毫红茶，还于 2019 年、2020 年连续两年荣获农业农村部“绿色食品博览会”金奖。2022 年，隆林三冲缘茶产业示范区被认定为五星级广西现代特色农业示范区。

陶思艺在三冲村出生长大，从小周围便住着苗族人、仡佬族人、壮族人，几种不同民族的人住在一起，各有各的服饰风格，各有各的风俗习惯，却每天在同一座山干活，喝同一条溪流的水，说同一个村的家长里短。她早习惯了这样的生活环境，从不曾想过，这司空见惯的一切竟会是商机。

高山之上茶园碧波荡漾，高山之上民族风情万种，高山之上的人和故事，甚至蓝天，甚至白云，甚至朝露和暮霭，都令人遐想。这是现代人所推崇的休闲度假的氛围和环境。如果一直待在村里，陶思艺不会看到这些，如果一直待在城里，陶思艺也不会看到这些。一个人，只有在过，离开过，又重新回来，才会看见熟悉地方里的风景。后来，陶思艺把这片茶区打造成集康体养生、休闲度假、餐饮住宿、研学科普、徒步登山、民族文化体验于一体的茶园生态休闲乡村旅游区。

我不知道，陶思艺这一念头是什么时候生起的，当我来到三冲村的时候，隆林三冲缘高山茶园旅游区已成为国家 AAA 级旅游景区，我看到的是云雾笼罩下的茶园，栈道曲折，从我眼前延伸进云雾深处，亭台楼阁在漫天的云海中只隐隐露出一个轮廓，像仙境。凭栏远眺，山很静，细得若无的雨，让雾越来越浓，一团团翻涌，一直翻涌到我的眼前。我知道沿着栈道走，会看到整个茶园。游客可以在茶叶展示厅看茶道表演，学泡一杯自己的茶，还可以动手体验传统手工制茶。来到三冲村，就放下凡尘俗事吧，做一个闲闲的人，在高山之巅看日出日落，看满天繁星如幻，或者租一套民族服饰穿着，环佩叮当地行走在茶林间，做一个美丽少女的梦。

我在游客服务中心的视频里看到陶思艺了，她和一群穿着民族服饰的妇女在采茶。陶思艺穿的是红头苗服饰，湛蓝色的对襟上衣，衣领上绣有三条鲜艳的彩色图案，衣袖红黄双色交织的苗锦上，用打籽绣工艺绣出的纹样很有立体感。刺绣蜡染的百褶裙，长腰带缠绕出细腰，余出的腰带尾很自然地垂吊在臀后，人走动时，腰带尾轻摆，腰带尾妖娆，人也妖娆。她身材娇小，脸庞白皙，笑起来眼睛弯弯的，还像一个小姑娘。穿职业套装的陶思艺却是干练的，她就坐在我面前侃侃而谈，对于未来，她有很多规划，很多梦想，她的这些规划和梦想都很具体清晰。穿苗

茶娘们在三冲茶园采春茶　陶思艺／供图

族服饰的陶思艺温婉恬静，穿西服套装的陶思艺时尚大方，无论何种装扮，她都是从容自信的，唯有笑起来的时候，仍还流露出小姑娘的神态。

这些年，陶思艺投资300多万元用于村里的道路、饮水、学校、村部等建设，参与到当地济困助学、爱心捐助等活动，进一步改善三冲村的基础设施。三冲村是父亲梦想起飞的地方，也是她梦想起飞的地方，她要反哺这片土地。2020年12月，陶思艺被授予“广西壮族自治区劳动模范”；2021年，当选为广西壮族自治区第十二届党代表；2023年10月，被农业农村部推介为全国农村创业优秀带头人。

说一个人，是为了说更多的人。更多饱含乡土情怀、具有超前眼光、充满创业激情、富有奉献精神的农村创业带头人，他们是引领乡村产业发展的重要力量。德峨当然不仅仅有茶，德峨还有烟叶、桑蚕、黑山羊、黑猪、黄牛、万寿菊等产业。在党委、政府的领导下，在社会各界的帮助下，德峨人在这片瘠薄的土地上，穿出了产业，种出了产业，养出了产业。

当然，我说的也不仅仅是德峨。隆林是喀斯特地貌发育典型县，石漠化严重制约着石山地区经济社会的发展，隆林探索引导石漠化地区群众发展各种产业，改善当地生态环境，闯出了一条具有隆林特色的发展之路。

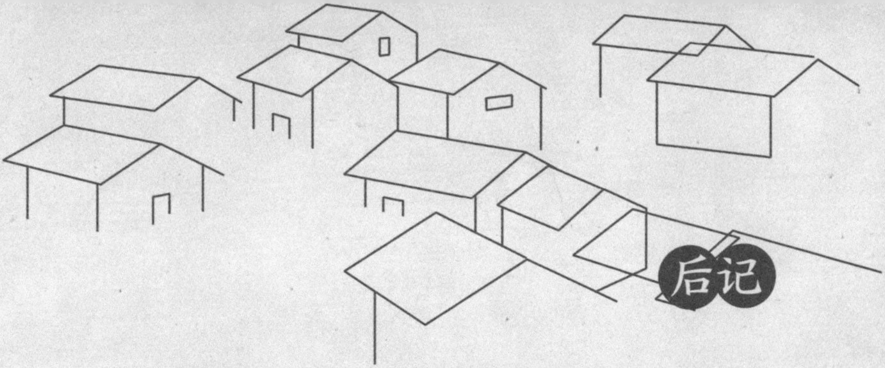

后记

这个地方很多年前我就来过了，最早那次应该是1994年，那时候我还是一个学生。我记得我坐了很久很久的车，久得时间仿佛是无涯的，仿佛尽头也是无涯的。一路尘土飞扬，落得我满头满脸都是，很多年后，我的记忆里仍还有着那些尘土的味道。

我记得我第一次见到的跳坡节。那时候是2008年正月初九，在离坡场还有很远的路时，我们就下车步行了，人太多，车子进不去。我们一路走，一路看到三三两两的赶坡场的苗族妇女，她们真美呀，那些闪闪发光的布料，红红绿绿地穿在她们身上，刺绣蜡染的百褶裙和飘带，随着步伐摇曳，美得那样张扬而又那样安静。

我记得我第一次吃到的羊瘪汤，第一次吃到的辣椒骨，第一次尝到的玉米酒，在德峨圩日的街头，在熙熙攘攘的人群中，像锅头里煮沸了的水，于我内心，不停翻出快乐飞扬的泡泡。那么多的第一次，很多年后，全都沉淀成德峨的味道，隆林的味道。

2023年冬天，我再次来德峨的时候，特地寻来敖德金陪同。那个时候我并不认识敖德金，只因为他是德峨人，他是苗族人，他是非遗文化传承人。其实我认识很多苗族人，他们有些是我同学，有些是我同事，有些是我朋友，可奇怪的，第一个在我眼前清晰呈现的苗族人却是敖德金。

来之前我查阅过敖德金的资料。当然，我还查阅过很多德峨人的资料，他们大多是一些非物质文化遗产代表性传承人，是一些多才多艺的人。他们能唱能弹能舞能制作乐器，或能纺能织能绣能染，能说一部长长的有关自己民族历史的传说。

来之前，我还查阅了很多资料，阅读过那部厚厚的《王安江版苗族古歌》。每当我听到苗族人唱起古歌，说起那些关于苗族历史的神话传说时，我总会想到我的太祖，他是苗族人，是个郎中。两百多年前，他从江西来，一路行走，一路行医。他去过很多地方，也曾在不少地方短暂停留，最后在广西泗城府（衙署所在地在今凌云县）长久居住下来。当我在墓碑上看到他的故事时，时间已经过去了很多年。太祖墓碑上刻的字在时光里斑驳，却也依稀可辨，“吾姓系出豫章传世远矣……”一行行字，像一个须发苍苍的老者在叹息。我的太祖，他一定很留恋江西吧，那片生养了他的故土，他离开时必是一步三回头。我不知道，我们罗氏这一脉，是从哪一辈起成为壮族人的，我能确定的是，我的母亲，我的祖母，我的曾祖母，都是土生土长的壮族人。从江西到广西，从苗族人到壮族人，隔着千山万水，隔着时空，我常听到我的血液里流动着太祖的声音。那些来自江西的丝丝缕缕，在我祖辈父辈的口口相传中，模糊不清却又沉甸甸地融进我的记忆里、情感里。

生养太祖的地方，如今已无人知晓名字了，我们只能在太祖墓碑上的“豫章”二字上猜测，太祖念念不忘的地方，或许是一座村庄，或许是一座城镇。我们无法探寻太祖故乡的具体位置，整个江西便都是故乡。

在德峨，我遇到了很多人，还有很多人我没遇到，可我知道他们。他们或许是商贩，或许是农民，或许是教师，他们来自各行各业，他们中，有不少是非遗传承人，那些县级的、市级的、自治区级的——隆林有很多传统文化项目都已列入自治区级非物质文化遗产代表性项目名录，单就苗族来说，就有隆林苗族芦笙舞、隆林苗族服饰制作技艺、隆林蓝靛膏制作技艺、隆林辣椒骨制作技艺、隆林苗族刺绣，等等，内容涉及音乐、饮食、服饰等领域，而那些非物质文化遗产代表性项目代表性传承人有些还很年轻，80 后，甚至是 90 后。在德峨的那些天里，我随眼就能看到这些文化气息的存在，这让我感觉，我置身于一个非遗的世界里。

2023 年冬天，在德峨，我走了很多地方，见了很多人，有些人我写下来了，而更多的人我没能写下来。我记得他们的样子，他们说的话，他们的笑容。他们眼睛里闪动的明亮光芒让我时常感动莫名。我知道那是爱，爱这片土地，以及土地上的人和故事。那个年轻漂亮的村妇联主席，我没问她是苗族的哪一个支系，她穿着长及脚踝的浅黄色羽绒服，时尚又大方。我和她并肩走在马弄屯的石板路上，从一幢幢古木楼前走过，听她说山外人自驾游到这里打卡，女人们穿着租来的民族服装拍照。我曾无数次想象我穿苗族服装的样子，那一定很好看——这些本来就是属于我的服饰啊，穿上它们，我会不会溯着时光之河，回到生养我太祖的地方呢？每当这样想着时，我的心就会蓦然被击了一下，仿佛有一只手，从时光深处伸出来，猛然拽了我一把。是我太祖。我知道。那个须发苍苍的在墓碑上叹了两百多年气的老头，他从我的血液里潜过来了。

在德峨的那些天里，在乡间穿行的那些时刻，我总会想起田南道尹雷殷，他远道而来，乘车、乘船、骑马，几经辗转周折，终于来到德峨。桂西北偏僻深山老林里的这片荒凉土地上，这群困苦的人，他们住的吃的穿的，无一不让他震惊。他看到了乱世之下底层人民的悲苦，可他却什么也改变不了。在德峨的那些天里，在乡间穿行的那些时刻，我还想到我认识的那位县委书记，来隆林上任伊始，半年时间里，他就遍访了 16 个乡镇 180 个行政村（社区）。相隔着一百多年的时光，道尹和县委书记看到的德峨是两个不同天地的德峨，而我看到的，却是道尹在那个乱世之下的无力感，和县委书记在这个新时代里的信心和干劲。

在 2023 年冬天，我重走了很多地方，新见了很多人，这些人这些事，新新旧旧的绞缠在一起，存于我心里，像一颗种子埋在土里慢慢生长。

三十年前，我来德峨的时候，是落着一身尘埃来的；三十年后，高铁高速路让我来去一身鲜亮。三十年时间里，我只去过几次德峨，其实并不算多。这个地方很多东西变了，而很多东西却没变，其实无论来多少次，我都是没有能力说清它的。它就像谜一样存在。这也是德峨最迷人的地方。

写德峨，似乎是偶然的，却也是必然的，是一种说不清道不明的缘分。更是因为爱。爱一个人。爱一群人。

主要参考资料

1. 隆林各族自治县县志编纂委员会编，《隆林各族自治县志（1996—2005）》，线装书局，2017年。
2. 王誉命，《广西泗城府西隆州志》，民国抄本。
3. 雷雨编述，《广西西隆县苗冲纪闻》，广西民政厅秘书处出版，1933年。
4. 《隆林苗族》编撰委员会编，《隆林苗族》，广西民族出版社，2013年。
5. 中国科学院民族研究所广西少数民族社会历史调查组，《广西隆林苗族社会历史调查报告》（内部资料），1964年。
6. 王安江，《王安江版苗族古歌》，贵州大学出版社，2008年。
7. 吴一文、覃东平，《苗族古歌与苗族历史文化研究》，贵州民族出版社，2019年。
8. 侯健主编，《苗族指路经》，云南民族出版社，2017年。
9. 熊红云、颀婧、梁汉昌，《隆林苗族服饰图鉴》，中国纺织出版社，2022年。
10. 蔡良主编，梁汉昌副主编，《美美与共——隆林文化珍藏本》，漓江出版社，2022年。
11. 蔡良主编，梁汉昌副主编，《灿烂隆林——一座没有围墙的民族博物馆》，漓江出版社，2022年。
12. 蔡良主编，覃世衡副主编，《五彩飞扬——隆林文化概览》，漓江出版社，2023年。
13. 梁彬、王天若编，《广西苗族民间故事选》，广西壮族自治区民间文学研究会印，1982年。
14. 贵州省民委民族语文办公室编，《苗族民间故事》，贵州民族出版社，1998年。